Les Révélations d'Awalhdouateden

Les Révélations d'Awalhdouateden

Les Révélations d'Awalhdouateden

Books on Demand

Les Révélations d'Awalhdouateden

Editions Books on Demand, 2015
Les Révélations d'Awalhdouateden

Les Révélations d'Awalhdouateden

I.

Les Sept Cours damées de Douat la Radieuse

Opisthodome effilé de pertuisanes
Qu'ainsi que d'un pétase hérissent leurs créneaux,
De nos corps éthérés s'élève la musique,
Edifice aux clochers cristallins et profanes.
Et de ces passions les élans magistraux,
Tandis qu'en bas s'égosille un furieux nasique,

Eclatent en palmiers d'eau éblouissants
Semblables aux jets d'une fontaine en lumière
Où par milliers retombent leurs pluies argentées.
Alors, il semble que l'on devine aux couchants
Sous les dômes d'Héliopolis, éphémère,
Les portes de Douat la divine aux entrées

Qui s'enchâssent en alignement miroitées.

II.
Les Yeux du Styx

C'est un fleuve où rien n'existe
En son crâne au double regard
Qu'un androgynisme dualiste
Qui s'égare à sculpter son art
Dans les nervosités du schiste.

III.
Triolet

La peinture étoilée du musicien Mahler
Qui comme un magicien en écume submerge
Le monde usé, de son vertigineux solfège

Explosant l'or de son exbulbtion dans l'air
D'un pêcheur en extase égaré sur la berge,
Par la quintessence inspiré d'un vieux stratège,

En un vague empli de contorsions asiatiques
Eprend l'âme d'un songe heureux tel Cernunnos,
Le dieu celte aux confins d'une forêt brumeuse.

Les Révélations d'Awalhdouateden

Et or qu'en lotus, démesures chimériques,
Se déploie l'harmonie de sa mesure, éclos
Chante le repli de son aventure houleuse.

IV.
La Voie du Centre

Dessus la pureté d'un ciel céruléen
Où tout semble irréel comme un songe trop vrai,
S'édifie un fort inaccessible et lointain
Entouré par des monts comme un cirque secret.

Et de ces parvis dallés où nul ne pénètre
Aux confins de l'inconscient, mirage hermétique,
S'ouvrent les arches dorées telle une fenêtre
D'un tableau surréaliste, Avalon mythique,

De la Thulé d'où Hathor vit les Hespérides
A travers les reflets de glaces translucides.
Mais tandis que le rêveur dont l'esprit voyage

Aperçoit ces rochers ténébreux sur la mer
Spirituelle où son double onirique nage,
Souplement il plonge en l'image de sa chair.

Les Révélations d'Awalhdouateden

V.
Fabliau

Dans la pénombre mordorée
Où la lune aux rais aveuglée
D'un jour sombre et mélancolique
Joue de sa harpe prophétique
En caressant ses longs cheveux
Dessus l'écheveau des cieux,
Sur un rocher baigné par l'ambre
D'un soir ténébreux de novembre,
Un vieillard s'était égaré
En rêverie évaporé.
La magnétiseuse implorante,
En sa majesté vacillante
Regardait partir l'insensible
Pour les contrées de l'invisible,
Tandis qu'en sa barque, immergeant,
Par delà le vaste océan,
Hélios regagnait la cité
Aux dalles d'ambre et de clarté.
Mais cependant qu'il contemplait
Son luth profond comme un reflet,
L'enfant méditatif entra
Tel un sphinx parmi son aura

Les Révélations d'Awalhdouateden

Dans la caverne où Séléné
Pleurait depuis l'éternité.

VI.
Valet d'Epée

D'un chêne, antre ogival, rampant contre l'écorce
De ses yeux d'escarboucle illumine là-bas,
Python, en transe, la nuit qui scintille, au torse
Ailé, que terrasse la danse des sabbats.

Le pitre écume en la mousse sur les tampons
De son sabot mordoré de chèvre tapant ;
Gorynitch vampirique à l'armure en chevrons,
Borgne or qu'il crève d'arcs inouïs le tympan.

VII.

Unter uns

Sur un balcon fleuri de géraniums, l'été
Dans la fraîcheur d'un soir, enlacés tendrement,
Nous nous conterons une fois le temps perdu,
En une sylvestre et nocturne intimité.
Au spasme harmonisé de nos cœurs et du vent,
Nous embrasserons l'un, l'autre un miroir ému,
Passant pour nos remords la vaste éternité
Que l'espace impuissant perlera suspendu
A ton front comme un diadème scintillant.
Et je porterai de ta grâce à mon baiser
La légèreté gracile adorablement
D'où s'entrelaceront au rythme, chaque année
De ma contemplation qu'en cette langue innée
Fait chanter ses heurts telle une musique ancienne,
Nos racines profondes, ma douce Alsacienne !

Alors écoute l'onde imprégner les sapins
Dans l'obscurité, parmi l'azur des sereins,
De leur frisson, et d'entre sa langueur, peut-être,
De mon baiser parvenir jusqu'à ta fenêtre.

VIII.

La Flamme violette

En son halo violet, Kwan-Yin pense et lévite
Ainsi qu'un feu follet qui songe dans la brume.
Le parfum de pensée rapporté par l'écume
Flotte dans l'azur comme un lotus qui médite.

Et cette consomption spontanée qui affleure
Du bouillonnement de l'onde en flux magmatique,
Hologramme incarné, danse à travers et pleure
Cependant que la contemple cet œil unique.

IX.

Ensorcellement

Ce qui pend aux branchages moussus du bayou,
Evoquant les pans d'inquiétants strongylodons
Eplore mon esprit plein d'un songe vaudou
Sur les verdeurs d'un marécage où de profonds

Canaux, telle une grotte insinuée par les eaux
Stagnantes en apparence superficielles,
Pénètrent dans un dédale obscur de boyaux
Sous le tertre fangeux d'allées sacrificielles

Les Révélations d'Awalhdouateden

Où les doigts inconnus de souterrains hermites
Ont tracé sur le sable éternel des spirales.
Puis d'entre les fûts d'improbables stalagmites,
Accumulées d'érosions immémoriales,

Je vois un peuple rabougri de vieux pygmées
Cheminer, montrant leurs cellules troglodytes
Dont les meubles plafonds sur leurs crânes tassées
Font des galeries à la lumière interdites.

Et parmi la tourbière où ploient les saules tristes
Amoncelés de filets de lierres malsains,
Se déploient les vers luisants, voûte sur les pistes
Que suivent en bavant des zombies incertains.

Car l'entrelacement qu'à son tournement lie
Cette provocation nonchalamment manie
Le temps parmi la trame hantée de ma manie
Qu'en la réincarnation des croupissantes

Momies du marigot murmure ignoblement
De mille voix noyées, mornes et mugissantes
Mimant l'infirmité de leur gémissement
Le bouillonnement d'ébullitions ardentes.

Les Révélations d'Awalhdouateden

X.
La Main de Gloire

La main de la gloire est semblable au grand soleil
Qui pleut sur la race humaine en sa nudité
Comme les pleurs éclatants de la vérité.
Et les flots vengeurs de l'astre au frisson vermeil

Tranchent l'horizon d'où s'élève, évaporée,
Sélène en la clarté de son bleu virginal,
Cependant que son œuvre à peine commencée
Semble déjà frappée par ce ciel infernal

Qui d'un glaive initiatique et souverain,
Lame d'un Eden à ses larmes embrasée,
Tombe ainsi que le secret d'une loi d'airain.
Mais guidé par l'attrait des voies introspectives,

Lorsqu'un fils de Gaïa veut contempler en face
L'étoile éblouissante aux sombres perspectives,
Dans un élan terrestre, à travers il trépasse
Cette ogive où s'engouffre son corps qui s'efface.

Les Révélations d'Awalhdouateden

XI.

D'un lambeau de toile en forme de faux

Une toile d'araignée au pan de mansarde
De ma chambre musarde et suit les vibrations,
Montant et descendant, justes pulsations,
Or qu'elle imite, à la musique qu'au sol darde
Quelque pianiste au rez-de-chaussée s'acharnant,
Par l'émotion qu'il traduit en ce mouvement
Des variations électroniques la balance.
Et cependant que sa fausse image accentue
Des sanglots le hochement pris au filet dense
En courbe évaporée de cette faux qui tue,
Amer, j'imagine, ensevelie sous les fils
Tout gluants et meurtris, étincelants les fils
De l'erreur mère, enchevêtrés d'ardeurs parmi
La contemplation d'un objet d'infini.

XII.
Tælesme

Quand la coïncidence innée de la Nature
Ressemble aux synchronicités d'une gravure,
Et que le ciel en un cryptogramme idéal
Démultiplie son alphabet zodiacal
Dont s'entrelacent les filaments de monade
Formant un tissu qui bientôt de la naïade
Au pied de leur cascade, astres étincelants,
Tels ses cheveux se reflète à ces firmaments
Des tourbillons de l'eau qu'elle verse à la terre
Se mélangent à ce ruisseau délétère…

Et la nymphe parmi des parterres de fleurs,
De papillons, d'oiselets aux milles couleurs
Diffuse les parfums de ses vases enclos
Sur la vase odorante, et parmi ses sanglots,
Tintement de cristal d'une cruche cassée,
L'essence des bosquets s'élève, évaporée.

XIII.

Le Point de Vue

Car il est quelque part, où ?
En dehors du réel,
Autrement dit partout,
Le mensonge immatériel,

Un songe intemporel
Vit le jour dans les limbes
De la nuit spirituelle.
Eclatant de ses cymbes

Sur le ménisque où son aile
Bat un vent allégorique,
L'audace méphitique,
Symbole parallèle

D'une nymphe éthérée,
Qui s'élève sur l'abîme
Par les ombres éclairée,
Fleurit, matière où s'anime

Les Révélations d'Awalhdouateden

Le faisceau d'un regard,-
A travers le prisme en feu
Du ciel un réseau blafard.
Et dans l'infini, bleu

D'une vision partielle,
Résonnent vindicatives,
De l'Harmonie éternelle
Les nouvelles perspectives.

XIV.
Simple pour les Elfes

Le Chant de Bes

En une eau céleste mettez
De la valériane éclose
Le rhizome, et ce *vin herbez*
Buvez la paupière clause.

Et comme d'elfes la nuée
Par le pouvoir de cette fée,
Le démon qui vous prend le corps
Fuira en miaulant par les cieux.

Les Révélations d'Awalhdouateden

Alors, vaincu, le Roi des sorts
Taira son chant mélodieux.
Malheureux pourtant qui n'invite
La ronde infernale et maudite

A sa bacchanale joyeuse !
Versant tel l'or d'une berceuse
Par gouttes d'ombres éplorées
Son miel sur les plaies oubliées,

Vous verrez encor s'épanouir
Ainsi qu'un soleil angora
Ebouriffé de son aura
L'œil de Bastet, et se réjouir,

En l'air d'un astre félidé
Qui songe à la terre animale,
De sa face en double spirale
La bestiale divinité.

Les Révélations d'Awalhdouateden

XV.
Sphynge

Elle est un joyau dont l'éclat
Se perd du Diable de Milton.
Je serai ton Assadaron,
Hélas, ma tendre Makéda !
Pour qui sait attendre et endure
S'égrène à temps la perle pure,
Que contemple un regard secret
Du fond de son œil violet
Telle une statue inviolée
De la compréhension gardée,
Où varie le songe éphémère
D'une énigme crépusculaire.

XVI.
Synthèse rupestre

Flambeau mystificateur des grotesques mythes
Où paraissent en les noirceurs du Noun des mites
Allumant l'entonnoir éméché où s'incurve
La fantasmagorie occulte du grand Urve,
Kwan-Yin, Mère de Merci et de Connaissance,
De Brahmā l'Inconnu glorifie la naissance.

Les Révélations d'Awalhdouateden

XVII.
Sage

Porté tel d'éthers, par des marigots songeurs
De nulle part, en dédales inextricables
Aux parfums de la brume enchantée par les sables,
Lianes d'une mangrove où des *oaks* muent en fleurs

Environnés d'un spectre aux blonds éblouissements,
Tendrement, le chevalier mystérieux d'Elsa
Bien malgré lui sans doute, anxieux la délaissa.
Car autour de l'Ankh entrelacés les serpents

Simplement unifiés semblent en plein jour,
Théologie de l'ombre expliquée par l'Amour,
Semblent les longs bras multiformes d'Isis mère

Sur une mer de sel dans la terre abreuvée.
C'est la sirène où, l'aile par l'aigle aveuglée,
Chimère cornue, l'une est lion du *mistere*.

XVIII.
Le Cavalier du Vent

Montant un sylphe médiocre,
Or qu'il errait dans la sylve ocre
Par une après-midi d'automne
Qu'au fond le rocher qui résonne
Argente d'un reflet diapré,
Son cerf s'arrêta dans un pré.
Mais lorsqu'extatique il enfla
Son sein plein de mystique aura,
Soudain l'orage éclata d'entre
Le thorax étreint en son centre.
Déchaîné comme un brasier,
L'insigne oracle, immaculé,
Par l'amplitude écervelée
De ce grand vent de vérité
Sentant l'essor désespéré
De sa poitrine écartelée
Comprit alors le sens unique,
Dans un mouvement de panique.
Les Révélations d'Awalhdouateden

Et pris d'un effort amnésique
En cette acuité prophétique,
Tout s'emballa d'un fol tourment
Où il sombrait tourbillonnant,
Porté par l'aspiration
Qui naît des flots de la passion.

XIX.

Ostraka

De Nephtys le scarabée
Traîne au levant bouche-bée ;
Un jour blafard qui s'éternise
Se meurt afin qu'il se construise.

XX.

Conversion

Obscurément portée par l'onde, une émeraude
Semble s'être épanchée en cet horizon chaste
Où s'épandent les cuivres dessus la mer vaste
Pareille à une toison délétère, et chaude

Comme la douceur d'un poison vénusien
Versé au vague remord, des trompes célestes.
Retentissant des flux de ces lames funestes
L'haleine emplie d'un écho brûlant lui revient.

Mais or que le monstre marin nage à sa perte,
Tandis que dans le crépuscule bicolore
Odorant ainsi que le santal de Mysore
Où le ciel violet se mêle à la mer verte

Qui frissonne en son squelette jusqu'à la moelle,
Emergée du cratère en ces flots sulfureux,
Démêlant le mystère de ses noirs cheveux,
La Nymphe de la Nuit se couvre de son voile.

XXI.
Temple gothique

Par les bosquets fangeux, d'un triple arc en couleur
Croissant la reine des bois, majestueuse infante,
Du Saint-Graal ténébreux resplendit la lueur.
Une mangrove aux flammes d'azur verdoyante

Les Révélations d'Awalhdouateden

Suinte en peuple mouvant de chênes sa douleur.
Epars, les éclats de phéromones malsaines
Aux échos familiers s'épandent alentour,
Cependant que parmi les vapeurs nées du jour
Etincèlent de Bifrost les croisées sereines.

XXII.
V.I.T.R.I.O.L.

Au fond d'un puits qu'a couvert le sable des âges,
Où descendirent seuls par une nuit des mages
Qu'en leurs confins les pages n'ont pas oubliés
De ce désert initiatique,

Dans un temple au dallage étonné, symétrique
Ainsi qu'une spirale aux sept bords d'escaliers
Dont la descente arithmétique et équivoque
De Dante les enfers évoque,

Que les Egyptiens avaient nommé Douat,
Quelque gardien étrange au visage de Mat,
Au centre d'une cour, improbable échiquier,
Veille. Et il peut voir tournoyer

Son masque osseux comme un pliage de papier
Qui scrute, au plus profond du cœur de chaque humain,
Or que de l'Eveil il fait rouler sous sa main
Le talisman tel un denier.

XXIII.
La Tentation de Saint Sébastien

Semblant la fragilité d'une aube écliptique,
D'entre les nuées anisées d'un ciel corallien
Est surgi tout tremblant un ange allégorique
De la perle où mon tourment retrouve le sien.

Mais exténuée, cette éclosion tant jolie
De mon amour dessus les miasmes du destin,
Par sa nature inavouée, hélas, d'ironie
A formé les murs d'une forteresse en plein

Chœur d'un chant fiévreux dévasté par ma mémoire !
Luisant clin d'œil de ce cristal divinatoire,
Dois-je coucher sur les corolles de la gloire

Encor de mes vastes pensers l'art dérisoire ?
Afin de mieux écarter parmi ses baisers
Les embrassements interdits de ces rosiers.

Les Révélations d'Awalhdouateden

XXIV.

Le Dilemme nervalien

Que la jeune fille a passé,
Qu'il est trop tard pour nous, sans doute !
Dans la forêt vierge oubliée des passions, désabusé
Pourtant d'un regard sur ma route

Le totem un soir s'est grisé.
Alors, adieu, joli visage,
Adieu, chers espoirs nés d'ailleurs ; adieu, mon trop joli
mirage !
Le temps des remords est venu,

Tel un silencieux orage
Rampant, crépusculaire, ô rage !
Couvrir de qui dans un éclair trop lucide s'est souvenu
Des chairs dessous sa carapace,

Et punir son ultime audace
D'un foudre vengeur et sonore
Ainsi que le cor pluvieux d'un fantastique Armageddon,
Pour mieux assaillir encore

Les Révélations d'Awalhdouateden

De son cœur flou la passion nue,
Développant l'introspection
Qu'à travers l'essor désespéré qu'oncques n'abîma sa mue
Revoile sa révélation.

Donc, mollusque qu'un parasite
Tel un vieux serpent habite,
Musèle sa verve et referme à ton ouroboros la gueule
Comme une cage où, enfin seule !

Son âme pourra sommeiller
Par la faux du Temps, surveillé
Afin que si l'amour renaissait de ce tombeau vampirique
Que l'achève son croc orphique.

XXV.
L'Arc-en-ciel

Au seuil d'une nuit sidérale,
L'humain poursuit son Idéale
Tel le pied d'un arc-en-ciel frais
Où l'on n'arrivera jamais.
Les Révélations d'Awalhdouateden

Sidéré par la pluie d'opale
Que réfléchit son spectre pâle,
Se meut le frissonnement grêle
Embrasant de Bifrost l'échelle

En une explosion de gouttes,
Infimement que vaporise
L'ardent précipité que toutes,
Reflètent chacune, et se grise

En le tourbillon de son égoïsme,
Qui, centrifuge comme un prisme,
Recentre encor des dispersions,
Le condensant, ses illusions.

XXVI.
Anima Mundi

Telle une hallucination
Surgie d'un rêve collectif
Se déploie en son vol plaintif,
Ange obscur, fils de l'Illusion,

Du Monde le vaste égrégore.

Dans le giron géométrique
De cette insensible pléthore
Circule un courant tellurique,

Télesme invisible où résonne
L'harmonie mystique des Sphères.
D'un écho primitif, il tonne
Pareil aux antiques tonnerres

Et dans ces réseaux électriques
Bâtit un Avalon superbe
Où dessous de mouvants portiques
Songe la majesté du Verbe.

XXVII.
A ne le dire

Au milieu d'inextricables arcanes,
Je tombe en les enfers d'arcades
Entrecroisées ainsi que de monades
Les filaments aux becs d'hydres diaphanes.

Les Révélations d'Awalhdouateden

En double spirale à travers cinq portes d'or,
L'âme du vivant s'arbore à ce caducée,
Avant de renaître au monde en un vaste essor
Or, baie proportionnellement espacée,

Qu'au milieu d'inextricables arcanes,
Je tombe en les enfers d'arcades
Entrecroisées ainsi que de monades
Les filaments aux becs d'hydres diaphanes.

Et, paires d'yeux dont la septaine révulsée
De têtes de marbre en les fonds draguant encor
Des langueurs de sa vengeance, hors d'elle expulsée,
Trouble la merveille en ses orbes qu'un remord

Au milieu d'inextricables arcanes,
Où sombrent les enfers d'arcades
Entrecroisées ainsi que de monades
Les filaments aux becs d'anges diaphanes,

Se confondent, démultipliant leur mélopée,
Les vaticinations qu'embrassant Belphégor,
Béhémoth noue d'une trompe où s'enroulait, or,
Sa barbe trompeuse en triangle médusée.

Les Révélations d'Awalhdouateden

Au milieu d'inextricables arcanes,
D'eux tombe en les enfers d'arcades
Entrecroisées ainsi que de monades
Les filaments aux becs d'hydres diaphanes

En ce Delta sacré où ma chair englobée
S'abîme où la gloire auréolée de son for
Attelant son char héliopolitain, transmuée,
Cependant qu'haletant, comme hurlant à la mort,

Au milieu d'inextricables arcanes,
Il sombre en les enfers d'arcades
Entrecroisées ainsi que de monades
Les filaments aux becs d'hydres diaphanes.

Les Révélations d'Awalhdouateden

XXVIII.
Le Tournant familier

Du puissant épicéa pendent en cascades
Les rameaux chargés d'épices aux poisons fades.
Allant par les sentiers d'un parc d'Hespéride
Le filament des Parques perlant se dévide.
Par son fin croissant, la lune baphométique
Traduit de la nature aux nuits la mantique,
Tandis qu'elle tisse une toile en arc ternaire
D'azur ou glisse l'âme amère à sa frontière.

XXIX.
L'Adoubement philosophal

Cybèle initiant Dionysos à ses mystères,
Coiffée d'un pétase architectural
Qui de la Phrygie fertile inonde les terres
Comme un sanglot du dieu Baal,

Les Révélations d'Awalhdouateden

Evoque parfois dans son double masculin
Le masque d'un diable ancien.
Tel un espion, de son regard énigmatique,
Cet étrange valet de pique

Semble le gardien des mondes au-delà
Où seul quelque fol alchimiste
Outre l'arc d'un parvis béant s'aventura
A rebours du sol de sa piste.

C'est une partie d'échecs mystique où se perd
La Nymphe aux fauves familiers
Irrémédiablement en ce miroir d'éther,
Cependant que les chevaliers

D'un Eden au seuil défendu
Barrent la route au profanateur intrépide
De leurs épées de feu qu'à nu
Brandissent des mains invisibles sur le vide.

Les Révélations d'Awalhdouateden

XXX.
Gnôthi Theotón

Le triangle pyrique,
Baphomet inversant
Tau d'if incandescent,

D'eaux en feux électrique
Récursif y végète.
De ses bras redressant

La chair quadruple, un sang
Verse à son exégète
L'œuf matière incubant.

XXXI.
Paysages mythiques

An Laura

Le miroir que l'on fixe est un *Narziss* masqué
Où la magie d'une Isis à l'ombre immanente,
Ainsi qu'en une fête inique Salomé
Reflétant les splendeurs sauvages de la Nuit,

Les Révélations d'Awalhdouateden

Limpide en sa tendresse envahie d'épouvante,
Pénètre les tréfonds d'un cinquième élément.
Cependant que la licorne enivrée s'enfuit
Des visions nocturnes que tait la raison

Cauchemardesque hors d'elle au zénith se cabrant,
S'évanouit en rose innée l'illusion
D'un idéal pareil au mandala bouddhique.
Car il est quelque part en l'espace onirique,

Qui s'enfle tel un globe et paraît condenser
Des sens le mouvement sans cesse inapaisé,
Un vieux temple inconnu qui semble se confondre
Au rythme où il abonde et tarde à se répondre.

XXXII.
Spagyrie des Monades

D'une imprégnation affleurant aux verdeurs
En rougeâtre marbrure un mercure igné d'or,
Pleurent des îlots émeraudés d'empereurs
Oubliés des quatre Chines. Où l'athanor

Les Révélations d'Awalhdouateden

Quintessent purifie de ces vases canopes
Les vapeurs condensées dont s'abreuvent leurs ailes,
Plonge en la mer huileuse, aconits héliotropes,
La grappe d'yeux lumineuse à ses essors frêles.

XXXIII.
L'Upsilon ramifié

Lumière en un creuset divisée par le noir
En les mois ténébreux de la germination,
Comme un sceptre accolé au Gamma du savoir,
La roue prométhéenne à trois branches caduques
Semble dans le matin le grenadier d'Ixion.
Rose des naïades perlée de leurs nuques,
L'étoile annonçant le jour sa malédiction
Suspendu flamboyant au serpent hybride
Tel son flambeau lui révèle un spectre arachnide.

XXXIV.
Le Lion vert

Des gardiens d'ilote aux pourpres capuchons
Conduisent grades à part montés en chevrons
Les spéculateurs d'un mystique amphithéâtre.
Insufflé par l'hiver, soudain le feu de l'âtre
Semble fait d'argent bleu précipité de nitre,
Ou une Salamandre coiffée de sa mitre,
Donjon pythique à Gorynitch tel enlacé
Où se fige un dragon vers le ciel élancé.

XXXV.
Lapis

Lorsque par un miracle inouï et profane
La vibration d'une pensée
Concentre en son éblouissement, accouplée,
D'une onde où l'émotion plane

Les contraires enfin conciliés, s'harmonise
Ainsi qu'un système solaire
Au pur prisme argenté le cristal solitaire
Que l'obscurité de sa noirceur électrise.

Les Révélations d'Awalhdouateden

Le balancement incrédule,
Semblant magnétisé, soudain s'apaise et gire
Pareil à la toupie de variable porphyre
De son pyramidal pendule.

Car telle est l'infinie puissance
De l'âme dessus la matière,
Qu'elle l'influence en sa mimétique essence
Jusqu'à l'oniriser comme un sculpteur de pierre.

XXXVI.
Khem Noun

Scintillant de vert bleuté,
L'océan primordial baigne
L'encerclant son urobore.
Tandis que sur les eaux règne,
Montant de l'obscurité
En sa paume un sycomore
L'androgyne Mandragore.

XXXVII.
Le Graal alchimique

Le caducée du songe est de l'infini l'ombre.
Tel un huit qui se tresse autour d'un Tau ailé
Dont en boucle se multiplie le divin nombre,
Dans un péristyle aux piliers octogonaux
L'antique serpent va, séduisant l'égaré
Par l'évocation de brasiers subliminaux
Où rodent les parfums des instincts animaux.
Mais ce vase d'amour où l'entrelacement

Du principe opposé transmute son essence
Ressemble à un cœur immergé duquel s'élance
La flamme spontanée qu'éclaire au firmament
Le nuage étincelant des cycles stellaires.
Car ce macrocosmos par l'Esprit inspiré
Concentre en ses manifestations éphémères
Des chaos matériels l'immense unicité
Dans l'espace éternel que remplit sa clarté.

XXXVIII.
De la Connaissance de l'Avenir

Quand l'être de causalité
S'affilie au Dragon déchaîné,
Il recule d'en son miroir.

Par l'opération du savoir
Qui s'enchaîne, la Liberté
Devient alors nécessité.

XXXIX.
Le Cœur occulte

Visitant les tréfonds de sa terre intérieure,
L'étudiant obstiné des structures célestes
En son âme devine un flot de palimpsestes.
Décryptant les profonds airs, qu'harmonie mineure

Chante à travers son esprit un flux qui distille
La Connaissance ainsi qu'un serpent venimeux,
Ce flambeau suspend l'alcyon parmi les cieux,
Tel un phénix nouveau qui retourne à son île,

Les Révélations d'Awalhdouateden

Des conceptions que l'extase inspire au Néant.
Et d'entre un geste spirituel insufflant
L'Idée au vague immense, il tait un chant glacial

Où s'engouffre son sein qui s'abîme en lui-même,
Or que s'émeut, étourdie parmi ce blasphème,
Vague sans fond, l'épave de son idéal.

XL.
Souvenirs de Poblet

Ame oubliée de l'authentique Tarragona
Epandue d'un vallon sec et riche où résonne
Comme un tril égrappé aux doigts de Tarrega,
Dans les pierres d'un sol en ogival trigone.

Cependant que l'ombre descend sur le village,
Un murmure du vent souffle en poussière écrue
Le pavé odorant d'une petite rue
Qui s'évente aux fraîcheurs d'un arc du Moyen-âge.

Les Révélations d'Awalhdouateden

XLI.
La Dame à la Licorne

En un miroir profond ainsi que Mélusine,
Elle baigne un regard au prisme entrelacé
Qu'imprime en sa source un sanglot du temps passé.
La damoiselle à peine hors sa langueur devine

La fuite lointaine et parée des saisons.
Une grive a troublé même ses pâmoisons,
Or qu'en un cortège mystique et bestial,
Tout le petit peuple des bois est accouru
Comme autour d'un hermite qui s'est souvenu,
Et se joint à cet affectueux madrigal.

Mais soudain, reine aux forêts de fleurs parfumée,
La gardienne inconnue des sylves virginales,
Posant la blancheur des neiges septentrionales,
Des brumes a surgi par sa douceur charmée.

XLII.
Enchantement du Katzenbach

Adossé à mi d'une de ces grottes
Où la lune fait croître des pleurotes
Du fond d'une forêt de noisetiers,
La barde explore les oiseux sentiers
Par lesquels le conduit sa baguette.
De la nuit l'assaille la vie qui guette…
En un cocon de lierre entrelacé
Sous les arcs des petits sapins d'été,
Les Elfes bleutés fument l'aspérule
Dans leurs pipes de terre ignée où brûle
Un parfum remonté du crépuscule.
A travers le crêpe embrumé de songe,
D'une fée l'extase embaumée s'allonge
Sous la verte charmille du sous-bois.
Au loin, dans le frais galop des chamois,
Se meurt la volupté de mes émois.

XLIII.
Physis

Les opposés s'attirent, loi de la Nature,
Assemblés par les vertus les plus rationnelles
Jusqu'à devenir essentiellement nouvelles

D'amble, et repartent vers la nouvelle aventure.
Nos semblables tus, pourtant si fusionnel,
S'unissent en un sublime idéal sans ciel.

XLIV.
Musique de la Lune

Dans l'alcôve où s'était blottie la nuit complice,
L'éternité rêvait pour nous, mon Eurydice !
Je pensais très fort : Oui ! et tu parlais de Verne.
Au centre de la Terre, en les gouffres de Lerne,
De mes frissons l'élan, tel un sphinx aveuglé,
Par les battements de l'un l'autre harmonisé,

Les Révélations d'Awalhdouateden

De tendresse tes pas obscurs aurait suivi.
Sans choisir savourer du martyr le répit !
Ecoute les soupirs errants parmi les bois…
Fondons notre âme, et moitié de l'hermaphrodite,
Ah ! laisse s'effondrer la voûte troglodyte,
Afin que pour toi je puisse périr deux fois.

XLV.
Amour et Mort

L'Amour, mignard ailé, aux côtés de la Mort
Papillonne en bandant son arc, sonnant du cor.
La vieille sous son grand capuchon noir frémit
Et verse à la nuit de sa simarre l'ennui.
Parmi les champs de feu du Jugement Dernier
Fauchant les matinaux frissons de ce charnier,
A travers l'aquilon d'une vaste agora,
Le trouvère en les plis se blottit de son drap.
Cependant qu'il erre, ajoutant chaque quintal,
Rode avec sa balance, à tête de chacal,
Le démiurge empreint créditant le désir
Qu'emprunte à rebours le débiteur du plaisir.

XLVI.

La Lampe spirite

La lumière devant,
Par un geste savant,
Laquelle je me tiens
Vacille, palpite étrangement. Et, éteins,
Au rythme de mes mots
Des coureurs animaux
D'entre les éblouissements de la nuit
Ebahis sont parus, le coupable iceluy.

XLVII.

Isis à Sélinonte

Incarnant d'Arthur en Avalon enlevé
Mélusine, osons une lointaine évasion !
A travers les éthers transporté de passion,
Et comme une *anima* de ses feux la clarté,

En un paysage ardent, l'esprit libéré
S'étreindra dans une immatérielle union.
L'ironie, là-bas, le remord, la dérision,
Lanceront vers nos vies d'un essor sublimé

Les Révélations d'Awalhdouateden

Ces regards chargés d'envie que l'extase ignore.
De notre voyage éperdu, tel vient éclore
La pensée d'un autel, je déposerai, tendre,

Tant ce flot me consume, un baiser fait de cendre,
Où ressuscitera le phœnix chrysolophe
Qu'en son sein toujours purifie ce philosophe.

XLVIII.
L'Aède et la Montagne

Obliquement gauche à pic dévale la pente
Le calembour rocailleux dessus la sente.
Par un bosquet chevauche quelque chaste fol,
Au cœur en bandoulière ainsi qu'un cor portant,
Tension inapaisée de Montanhagol,
Son *fin amor* palpitant, part dans le grand vent.
Et comme un tambourin chantant sur le calcaire,
S'en va le troubadour, le front plein de mystère.

Les Révélations d'Awalhdouateden

XLIX.
Le Diable de Tsvetaeva

Parmi la brume bariolée
De certains songes prophétiques,
Du Destin l'angoisse égarée
A tâtons cherche dans ses criques

La clef d'un passage englouti.
Contre la paroi ténébreuse,
Il fouille en sa mémoire et creuse,
Curieux, d'entre l'amphigouri

D'un balbutiement obscur.
Cependant que longeant le mur,
Soudain d'une inspiration ample,
Alors qu'il entre dans le temple,

Calme et merveilleusement lisse,
Loin du clapotement houleux
Ainsi qu'un vaste précipice,
Se tient sur ce damier pluvieux

Les Révélations d'Awalhdouateden

Un Autre qu'occulta Descartes
Démultipliant ses fossettes
Comme un valet de jeu de cartes
Coiffé d'un tricorne à facettes.

L.

Aphorisme

Dans la rue silencieuse, où vibrant d'enthousiasme,
Quand un passant s'attarde avant l'aube indistincte,
L'or s'accroche à son rêve ainsi qu'un ectoplasme
Parmi l'orbe évaporé de cette aura *ceincte*,
Que d'un « *haultain vouloir en si basse pensée*
Haulte pensée en un si bas vouloir » révèle.
Les réverbères pris d'un clignement hésitent,
Par une énergie involontaire aimantée
Où se froisse en frissonnant le souffle d'une aile,
Et un à un avant de s'éteindre crépitent.

Les Révélations d'Awalhdouateden

LI.
Départage talismanique

Un immatériel frisson
Né des essors de la passion
Dont le battement s'accélère,
Semble en mon torse une elfe ailée
Variant ses teintes vibrantes,
Chrysopée d'une onde éphémère,
Jusqu'à l'extrême où cette fée,
Musique et couleurs pénétrantes,
Se mue en ardente phalène.

L'induction à perdre haleine
Ploie son thyrse d'arc-en-ciel
Et confond d'en la spagyrie
Où gire et crisse sous le fouet
D'un mimétisme intemporel,
L'illusion de sa magie
Tel un tournoyant jouet.-
Stase au centre d'un tourbillon,
En l'hermétique chrysalide,
Cependant qu'alors la sylphide
Implose la méditation
De son précipité morbide.

Les Révélations d'Awalhdouateden

LII.

Piédestal

En abyssal tourment d'ébène,
Cet enchantement de sirène
Reluit comme un joyau plaintif.
De son orgueil contemplatif
Devant le chef d'œuvre, pourtant,
L'iconoclasme se repent,
Idolâtrie en cruauté
De l'adorable Matharmè !
Telle à l'image du Dragon,
Escarboucle aux regards sans fond,
Déborde parmi ses vapeurs
L'humilité de tes ardeurs.

LIII.
Les vieux Jeunes-France

Dans le cénacle où, bavardes grives,
Des bravades la douceur d'œillette,
Dont papillonne l'œillade discrète
Au babil des nymphes fugitives
Fait l'élégie de ces mœurs plaintives.
Cependant que l'oreille secrète
S'emplit tout d'un orgueil esthète,
De leurs harmonies les invectives
Le ramènent à la raison bête.

LIV.
Invocation

Habitant des bois enténébrés,
Mars avait identifié des rois,
Tel un jour qui reçut d'entités
La coupe d'or où fondit d'en trois
Planètes les Mystérieux de glace,
Jusqu'à ce qu'à jamais ne la tienne
L'Oracle sous ta garde sereine,
Veilleur dont nul le mur ne trépasse !
Et bien, Abîme, art s'alla tienne
Ma conscience, ô Poëte inconnu !
Alors qu'habit de cauchemar sienne,
L'identité d'un ciel confondu !

LV.
L'Origami machiavélique

Parfois les soirs où je m'endors voyant,
Bercé par l'épousement de la plage,
Hiératique et solitaire, un flamand
Rose s'ébrouer parmi l'ample herbage,-

Les Révélations d'Awalhdouateden

Quand je contemple au loin la dunaire aube
Qui s'épand, falots d'azur réfléchis,
Sur la mer qu'une nacelle en trilobe
Hante, soudain remonté du roulis,

Un frisson crépusculaire démêle
L'écheveau du temps que ce papyrus
A mon regard plein de ses feux révèle.
D'abord, je me souviens tel Orpheus

D'un pleur d'argent des lunes ancestrales,
Qui bouleverse mon corps allongé
Dans l'ondée de ses vagues baptismales.
Puis, stupeur d'une extase prolongé,

Du Baphomet aux yeux d'escarboucles
Né d'un éclat de forge virginale
Dont la toison déploie les noires boucles
Dessus sa gorge aux puretés vénale,

Or que le caducée de la sapience
S'entrelace en un lotus fait de chair
Des urnes croisées de son éloquence
A fleur d'un horizon violet et vert.

Les Révélations d'Awalhdouateden

LVI.
Le Roi de Thulé

Songeant les profondeurs de forêts séculaires,
Oiseleur ténébreux, l'arbre tait ses mystères.
Dans sa coupe où, cœur vif, s'ouvre un entonnoir lisse,
Le roi pensif contemple au creux de ce calice

Les reflets infinis d'un glacier ancien.
Et parmi l'orbe des cercles de pierreries
De son rêve, le Monarque Noir se souvient
Des palais scintillants emplis de féeries

Où glissent d'entre des réseaux subliminaux
De quartzs bleutés les formes d'éons invisibles
Qui, fugitivement, ainsi que de vitraux
Les couleurs inconnues meuvent l'onde insensibles.

LVII.

L'Hydre

Aux froideurs pleines de délices
Qui s'enflamment à ces blandices,
Les fards du feu de Prométhée
Ploient son voile ; ainsi médusée,
Luisait derrière les iris
D'une statue au flanc de lys
La généalogie charnelle
De cette ardeur surnaturelle.

LVIII.

Le Double astral

Explorant les couloirs d'une vie antérieure,
Nos esprits confondus quelquefois se souviennent
D'un semblable inconnu dont la jouissance pleure
Et se meut dans les fils par lesquels ils se tiennent.

Le Daïmon ainsi qu'un obscur capitaine,
Qui trône, prismatique, au milieu de l'azur,
Joue d'un souffle lyrique en son sein, puis l'entraîne
Dessus l'échiquier incertain du futur.

Les Révélations d'Awalhdouateden

L'humain manipulé comme une marionnette
Avance sans saisir, au-dessus de sa tête,
Par l'énergie d'un flux dont l'harmonie traverse

Les terrestres passions de son frisson de flamme,
L'étrange influence qui l'anime et le berce
Tant subtile et totale elle embrasse son âme.

LIX.
Opus Solis

En son tentacule de feu,
D'une imagination de Râ,
Familier favori du dieu,

Recroquevillé tel un rat
Craintif, sourd un espoir naissant.
Puis, or qu'il se lève incrédule,

L'éphèbe étreint sa lyre, et sent
Du fond de son torse dont brûle
Le désir, un songe éclosant

Les Révélations d'Awalhdouateden

Dessus sa paume qui ondule.
Des rayons un accord puissant
Monte soudain de l'oméga

Renversé en cet arc astral.
L'index de la céleste aura
L'a touché tel un sort fatal.

Caressant de son scarabée,
Le front serti d'un soleil tendre,
Ainsi qu'une lune posée

Sur le doigt manichéen née,
Sa mise en abyme à le rendre
Pour ce faire aspire à descendre.

LX.
Epithète homérique

Le bestiaire olympien garde entre créatures
Un antique Apollon, symbole inconscient
Dont l'existence ainsi qu'un venin de serpent
Ronge la matière en coralliennes sculptures.

Les Révélations d'Awalhdouateden

Des cimes argentées de son château d'onyx,
La stature esthétique où de Râ sublimé
Le regard se souvient de sa forme animale,
Voit du haut des froideurs surplombantes d'Eryx
Jusqu'en les galeries, rampante obscurité,
Qui mirent dans son œil leur sinueux dédale.
Et l'avatar des métamorphoses de Pan
Redescend à travers le diurne cyan
Du ciel idéal où le faucon divin,
De l'océan surgi, volcanique épouvante,
Le ramenant à son royaume souterrain,
Sombre au fond de la nuit de sa bouche béante.

LXI.
Cisant Celse

Diurne démiurge en deux illusions rapproché,
Saturne tourne la roue solaire, inversé
Dans le miroir lointain d'une aube camarguaise
Sur l'océan ancien de son regard de braise.
Les Révélations d'Awalhdouateden

Crapaudine engoncée, Samaël Hierophanes,
Incisant, sésame ! du monde, œuf centenaire,
Révèle épanouie aux visions profanes
L'allégorie de son hydre crépusculaire.

Porté par la rosace écartée en pistil,
Balance sur la mer précipité, viril
L'Icare sa cire fondant, semblée l'infante
De sa robe qui traîne un parc mille-huit-cents-trente.

Ogdoade originelle en soi multipliée
Comme un florilège couronnant Barbélô
D'une coiffe de roses trois fois déployée,
Son contraire et l'Ennéade envoient leur écho

D'un reflet où la mer se confond à l'éther.-
Car souveraine est la lueur immaculée
Que portant sa neuvaine au septentrion née
Brandit, la terre ébranlée, l'ardent Lucifer.

LXII.
L'Hélios octopode

Le boa ainsi qu'un reptile humanisé
Evolue inversé aux visibles tumultes.
Semblables aux mouvements des astres occultes,
A l'or muant de l'éclair subtil concentré,
Au sel terrestre par l'athanor liquéfié,
Le ciel, or que dégénère ses expansions,
Du feu chtonien digère en putréfactions
Tels ces corbeaux les proies par raréfactions.

LXIII.
Médaillon gnostique

Sur son médiator
Où d'antiques symboles
Jouent dans un ample essor
Aux rayons des coupoles

Les Révélations d'Awalhdouateden

Qui luisent des Pléiades
Les blondeurs de dryades
Aux stupeurs de la lune
Muent d'un stupre en lacune
Par son autre jumelle.
Mais or que l'ensorcèle

La lycanthropie d'ange
De cette émanation,
Carnivore démange
Sa chair quelque infusion

Qu'en un bois de Memphis
Dont fut fait ce fuseau
Son impression marqua
Du sceau d'un triple six,
Et sous d'Ankh le Delta,
Dans l'ombre d'un roseau
-Prédynastique lys
Fleurissant son radeau-,
Avec un dieu-agneau
S'entretient Anubis.

LXIV.

Echec et Maât

En deçà de l'allégorie d'un temple oblique
Que pave un échiquier mystique à ciel ouvert,
Cours d'un labyrinthe irisé où, blême, abdique
Mainte figure au dam du petit diable vert,

Parvis d'une ogive infiniment élancée
Veille, gigogne infernal de Monostatos,
Le fils, parmi ses filaments d'une Araignée.
Aux rets illuminés du puissant Hélios,

L'Imitateur silencieux accroît l'obsession
De l'observateur qui pénètre en ce bastion
D'une perfection trop lisse et impeccable.

Insidieusement, le destin met un terme
A sa torture inacceptable enfin, le sable
D'un piège ensevelit son âme et se referme.

LXV.
La Grotte au tournant du chemin

D'une profusion minérale
Où l'ombre azurée de citées étincelantes
Vacille en les profondeurs murées d'une salle
Par une caverne au seuil en biais de granit

Aux cascades ruisselantes
Des entrelacs mêlés de serpents et de plantes,
Or qu'au fond rouge et noir, la chambre de Lilith
S'ouvre ainsi que le festin d'un sépulcre altier,

Au bout d'un chemin forestier
S'achève glissant sur les pierres du ruisseau,
Duquel il avait sautillé jusqu'à l'entrée,
Ce rêve rétrospectivement. A l'orée

Que ceint en voûte un arbrisseau,
Cependant que les reflets des poissons d'argent
Du cristal sylphelin de ce Léthé rampant
Se meuvent en surface au sylvestre levant.

LXVI.
La Voix vers l'Œil

Soi-même entre avant, par les contrées oniriques
Rencontrant maint obstacle aux degrés concentriques
Du labyrinthe où il marche d'un pas rapide,
D'accéder au pinacle de la pyramide,
Tetragrammaton mis en abyme à son centre
Que trace art pentagonal de ses lignes entre
Les angles aigus de ce cadran planétaire
Encastré par le cercle dont s'unifie l'aire.
Et dans ce Nombre d'Or, proportion divine,
Le niveau que son œil fixe en retour devine
La Porte où se tient la Gloire du Monde entier
Qui porte le flambeau noir de l'éternité.

LXVII.
La Trinité cruciforme

Entre le bœuf Apis
Et l'âne de sagesse,
L'Ange à tête d'ibis
Déguisé en fils d'homme
Repose. En diablesse,
Cette Isis que l'on nomme
D'une illusion occulte
Tout doucement l'insulte.

LXVIII.
La Rose du Calice

Fleur d'un roi de Thulé, des vertes profondeurs
De la conscience inachevée du souvenir
Qui se fond en secret, vase télesmanique
Que trouble une harmonie d'invisibles odeurs
Aux méandres clairs du creuset de l'avenir,
D'un chaman bramant se ramifie la panique.

Les Révélations d'Awalhdouateden

L'âme ouvrant son ogive aux imaginations
Découvre au lointain de son intériorité
Un paysage où la tempête des passions,
Comme un voile incrédule imprégnant la clarté
De la Nuit aux éblouissements de Maya
Brouille à ce regard vide un champ de plénitude

Insinuant les reflets d'un mouvant Niagara.
Car l'objet de son art, dissipé par l'étude,
Divin obscurantisme de la déraison,
S'épanouit dans la caverne seulement
Où veille au seuil d'un fond de granit scintillant,
Vieux bonze oublié, sa méditation.

Et par cet œil de bronze en portique incrédule,
Il songe, trépassant Brahamā où s'annule
Tel d'un mandala l'insondable florilège
De bryone frisé dont ploient les cloches vertes,
Chapiteaux corinthiens en chairs de fées offertes,
Au transcendement de son savoir sacrilège,

Cependant que du dioïsme concentrique
Eclos d'entre l'essor de ce Graal hermétique
Grimpe la mandragore aux sarments enroulés
En une démultiplication infinie
D'arabesques dont l'ample fantasmagorie
Etincèle à ses pentacles étiolés.

LXIX.
Allégorie littérale

Graduellement, par des chemins détournés,
Niveaux à cours s'élève un songe explorateur.
O iris ouvert aux parchemins de Sybille,
Strate amuïssant le lourd filet des sabliers
Illustre or qu'il verse un sanglot régulateur,
Se refermant la herse aux pensées infertile.

LXX.

Les Métamorphoses du Phœnix

Sur les champs de Saturne, horizon phlégréen,
L'oisillon naît au nid, visitant de son bec
Ce vase ovoïdal, sous l'œil jupitérien
De l'Un-père où s'incarne en pensée l'âme impure.
Alors qu'en cœur déjà se dessine le *Nec
Plus ultra* d'une étreinte aux effusions caduques,
Obéissant à l'illusion de sa nature

Tel un nuage effervescent de noctiluques,
En vain, il s'hypnotise au miroir de Narcisse.
Puis retournant à la Terre en plongeon martial,
Ainsi qu'en les tréfonds d'un puits minéral,
Rectifiant son vol sans savoir qu'il s'unisse,
Enfin l'emporte la couronne de la gloire
Au grand Soleil pour l'hymen d'Hermès et Vénus.

Dans un bois fleuri aux nuits d'une lune noire,
Or que la douce licorne veille à ses lys
Comme un ciboire ancien où, renaissant pictus,
L'oiseau de paradis du Jugement Dernier,
Se conformant aux cycles des saisons d'Apis,
Emerge aux feux de son sépulcre, humanisé,
Le Titan primordial qui porte la clarté

Les Révélations d'Awalhdouateden

De la Connaissance ultime au monde aveuglé,
Contemple en soi-même l'univers tout entier.
Car tandis que remonte de la mer la Bête,
Chevauchée par l'Hermaphrodite originel
Reflétant le silence insondable du ciel,
Le *physeter* qui semble d'un dragon l'arête,
Engloutit tel Jonas l'autre bout par la tête.

LXXI.

L'Infini

L'introspection silencieusement se terre
Au Dragon marbré qu'elle honore, en son absence
Dessus les bras levés qui portent cette pierre
D'un regard mirant le Septuor, quintessence
Reflétée en la porte aux cieux entrouverte.
Répercutant un rais du sol en lueur verte,
L'algorithme où le prisme construit un calice,
Fleur d'un Chrême scindé au réel d'une glace
Ainsi que l'éloignement d'un Janus biface,
S'annule sur l'océan que son souffle plisse.

Les Révélations d'Awalhdouateden

LXXII.
Tonalité de l'Instant

Forêt diaphane ainsi que d'albâtre theutois,
L'automne en Brèche d'Alep d'éclats violacé
S'étonne d'un Languedoc incarnat, jaspé
En des teintes fleur-de-pêcher dessus les toits.
Tout de Rance immortel par cet été indien,
Il semble que du crépuscule éternisés
Descendent, figés en méandres anisés,
Les blonds sereins d'un Paros presque sarcolin.

LXXIII.
Et tout cela, je te le donne

Le fou de l'échiquier, tel un cavalier perse,
Court obliquement en biais d'un long couloir,
Voie royale offerte à son principe, opposées
Comme d'un Taj-Mahal les contraires allées.
Mais là-bas, le Mat sans nom de sa flèche perce,
Carrelée de Campan pourpre et de Portor noir
Filtrant une lueur d'ambre, à travers la herse
Entre deux tours symétriquement crénelées
D'ombre et de lumière où commence le savoir.

Les Révélations d'Awalhdouateden

LXXIV.
Requiem

Marina, tact impassible et passionné,
Taciturne pensée d'un amour impossible,
Car l'émerveillement d'un espoir trop tard né
Se meurt en râle délicieusement pénible.

LXXV.
Sixain

Le tournesol gire au Grand Astre, son image,
Tel un nautile dont la coquille de plage
Imite du sable la structure en losange.
Mandala mis au carré d'un lotus du Gange,
La parabole en spirale proportionnelle
Démultiplie son rapport, exponentielle.

LXXVI.
Le Masque jaune

Dans l'imagination d'arts trop introspectifs
Ayant goûté au souffre des gouffres amers,
Parmi les splendeurs de spectacles primitifs
Scrutant l'infirmité d'innombrables enfers,

S'abîme un Dieu Jaune au trône singulier.
Bouffi par l'obscénité de sa lueur lubrique,
Il se vautre impassible, ainsi qu'un sanglier
Qu'honorent les menhirs, temple préhistorique,

Formés par les gardiens chevronnés de Mercure
Epanouis à la maudite température
Où prend forme indiciblement de sorts meurtris,
Et reluit, la force de leurs yeux de rubis.

LXXVII.
L'Abjuration révérencieuse

1. Ivos

A bâbord d'un glacier, léonin s'abandonne
Eole aux courants contraire où son haï s'adonne.
Arba drakkar ! Batelant se traîne, pauvre ère,
Des multiples l'expansion… A l'inverse tierce
Cependant d'amour dressé tombe à la renverse
L'Arbre-Phi que double une croix de Saint Pierre.

2. Le Hak de Lumière

Quand le Bah tel un faucon à tête d'enfant
Rejoint le Kah, génie sur l'eau réfléchissant,
Des esprits fraternels la chaîne décennale
Est chevauchée par le septénaire, animale
Union de leurs incarnations croisées.
Mystique enlacement des personnalités,
Imitant du Phoenix le plongeon nuptial
De ces fascinations aux retours médusés
Les essences en pyramidion divisées
Se fondent au cœur du magma fondamental.

Les Révélations d'Awalhdouateden

LXXVIII.
Le Reflet est l'ultime

« A *cuer* vaillant rien n'est impossible. »
Et c'est ce cœur à cuire qu'en chœur l'alcyon cible.
L'or bout dans ses entrailles de braise essoufflées
Comme aux œillades par un vitrail élancées
D'une nymphe étincelant or la chrysopée
Survolant de son tourbillon ce coryphée.
Saint Jacques de fureur naquit sur le bûcher.
Mais l'ivre de Thot l'une en sept grime au quartier,
Alors se referme la gueule reptilienne
D'hors d'un gouffre où l'éclosion retourne à la sienne.

LXXIX.
Sonnet à Philinnion

Fantasmagorie diaphane aux voiles bleutés
Dessous le clair de lune ourlés d'un reflet blond,
Elle ne tremblait pas ; mignonne Philinnion.
Pauvre enfant qui revint d'entre les trépassés,

Les Révélations d'Awalhdouateden

Je me souviens, pareille à ces présents trouvés
Ainsi que par ton ombre étreints, d'une illusion
Que dissipa, hélas ! l'ignoble Sérapion.
Et tandis que de ta couronne consternés

Les pavots se préparent encor à fleurir,
De ce corps le souffle errant part et va mourir
En l'écume azurée des remords anciens

Dont la nostalgie chante et caresse la nuit
D'une élégie que seul décrypte sur ses mains
L'amant désabusé de ton spectre évanoui.

LXXX.
L'Etoile

Au milieu de mille pensées des bois en fleurs
Scintillant de rosée au cristal d'une source,
Semblant de Mélissa, cette abeille d'Isis,
La sœur jumelle, Mélusine arrose en pleurs
Son image mise en abîme à la Grande Ourse.
Au septentrion de Sirius verdoie un lys.

Les Révélations d'Awalhdouateden

LXXXI.
Das Untier

La Musique démultiplie
L'âme aimante qui se replie
Comme un accordéon bizarre
Au hasard de la mélopée

Où il piste une fée mouvante.
Et toujours l'Idéal qui fuit
Aux noirs méandres de la nuit
Joue de l'harmonique envoûtante

D'une émouvante chrysopée.
D'ambigüité sereine amuïe,
Cependant cette altière envie
Se réjouit du poids de sa tare.

LXXXII.
L'Œuf Philosophique

Tel un Gleipnir d'Œttir en l'Arbre du Savoir,
Du cristal vibrant, sel de la Terre en flot noir,
Se concentre la verdeur du Chaudron de Vie
Qui bout pareil à la cuisine de l'Enfer.

Les Révélations d'Awalhdouateden

Et dans cette alcôve, or la secrète alchimie
Meut et se mue l'environnant semblant l'éclair ;
Opère où s'enferme un monde ainsi qu'en un œuf,
Tourbillon sphérique unifiant six et neuf,
Où trône flamboyant, sur son lotus intime,
Baphomet artistique, Orpheus maritime.

LXXXIII.
Le Secret de Kyot

Courant par luxe de spiritualité
D'un flux vermeil souterrainement occulté,
Echo subtil d'un colimaçon invisible
Qui de la terre au ciel à l'inverse circule
En un fracas de foudre au silence terrible,
Par le son matériel que lui renvoie sa bulle
Le désir de s'accroître en soi-même s'annule.

Les Révélations d'Awalhdouateden

Car des cours en cycle heptaédrique agencées
D'escaliers adjacents formant un Pentateuque
A rebours ainsi que des cornes enroulées,
Andouillers surabondants d'un Cernunnos leuque,
Se dédouble la Trinité septentrionale
Reflétée à l'équinoxe où s'incurve ovale
L'incursion que son ouroboros avale.

LXXXIV.
Deucalion

L'Ange de l'Abîme

Dessus de l'Ished les parchemins trilobés,
Feuillage où Thot inscrit les messages des dieux
Comme aux écailles, flamboyant reflet des cieux,
Du Dragon qui est et vit parmi les clartés,
Embrasées en chacune où s'imprime sa rune,
De toute chose, Hanuman aux poires de lune

Les Révélations d'Awalhdouateden

Goûte ainsi que l'homme d'argile, Hadam, des preuves.
Car le septuple Gamma, sceptre de druidesse
Dont la balance hantée repose sur ses seins,
Sous l'étoile amère inondant le tiers des fleuves,
Semblant le signe du Bélier, en flot caresse
Les nuées d'Abaddon aux visages humains.

LXXXV.
Le Purgatoire

Porteur d'un talisman frappé d'une croix celte

Qu'encercle un serpent, car la meule roulera,

L'Exterminateur descend des cieux vers qui pelte.
Les âmes lanternant de son thyrse pythique,

Or l'Hermite en sa silencieuse sagesse
Tient les clefs d'argent de la porte énigmatique
Où se dresse, impassible, Hathor la Prophétesse.

Les Révélations d'Awalhdouateden

Au loin, des cavaliers sur leurs destriers sauvages
Sont remontés perçant les ténèbres des âges,
Dévastant les contrées de leur course furieuse.
Une étoile neuve, éclairant le fol qui creuse,
Irradie l'horizon de sa chair nébuleuse.

Et cependant, chefs d'animaux du Sahara,
S'échoue accomplissant mil merveilles un fauve
Comme une nef naufragée de Sainte Sara,
Vierge noire observant l'horizon vert et mauve
Où l'Ange de Lumière assis sur un lotus
Médite or qu'une foule édenienne aux seins nus
Se baigne dans la Mer qui refoule la lueur
D'un caducée que l'aube emplit de sa ferveur.

LXXXVI.

Si la Perle ne germe

Des perversités de miroirs céruléens
Les voyeurs entendus adoreront les liens.
O mondes suspendus aux arcs infrachtoniens,
Ne dites pas : « *Margaritas ante porcos* »
Pour la charité, par évitement d'Iros !
Voyageur, pars bien loin, et sérénité même,
Dévisage inconscient du sans sens le blasphème.

LXXXVII.

Sephiroth

Le gardien de la troisième heure,
Pik-ho, dragon étincelant,
Dessus le Nil dont la surface pleure
Semblant un collier de lotus
Nage. Or de l'Arbre ēth le Scribe Excellent
Au bord du fleuve cueille un papyrus.

LXXXVIII.
Serpent vert

Tel un griffon dardants
La gueule aux longues dents,
Flèche vers d'ardents lys
Ses gueules Vairefils.

LXXXIX.
Panique d'Œttir

Quand les larmes du ciel l'unissent à la terre
Et que de longs ruisseaux se joignent en un flux
Où l'éclair chante en se reflétant des *Fiat lux*
Qui de l'espace environnés par le mystère
Tremblent, leurs fiers transports évoquent le grand Pan.
Jormungand ondoie comme un liquide serpent
Dont le casque cryocéphale émerge en trombe

Les Révélations d'Awalhdouateden

De cascades fracassées par sa course, et tombe
Sur le dard où la gueule l'enfournant rattrape
Les extrémités que sa grille infernale happe.
Et cette synergie, portée par le Chaos,
Mathématique anarchie s'organise aux chances
Qu'indique transparent l'ordre des contingences,
Révélant la matérialité du Logos.

XC.
Rose-Croix

Le Chaudron bouillonnant, Graal de vie primitive
Né de son quintuple pétale en rose encercle
Une croix en Tau ceinte, ô Trompète plaintive
Qu'à mort, miroir de soi lui renvoie ce couvercle.
Sans effort se renverse, donc, la rose fille
Que sa tendresse humble exacerbée crucifie.

XCI.
La Passiflore

Baume couronnant de pourpre effusion
Que perce l'étoile de la Passion
Epandue par la double dimension
De chapiteaux d'argent lancéolé,
Les paumes de son suc de vérité,
Distillent une amère tentation.
De ce cœur en calice un parfum rode,
Alliant le vitriol à l'émeraude
Comme par une aube insigne égoutté,
Delta qu'ornent trois clous de volupté.

XCII.
Rotas Hermetis

Le cerf, des bois sous sa toison de vif-argent,
Son ouroboros cuivre ardent brandissant,
Casqué de sarments au parage hurlant par moue
Trifaciale, évoque aux moissons d'une roue
Que tenait d'un centaure occulte l'*arepo*.
De la Nature l'harmonie originelle
Telle se cherche à ces instants secrets en elle
Le joyau recelé au crâne d'un crapaud.

Les Révélations d'Awalhdouateden

XCIII.
Walpurgisnacht

Quand des ténèbres glacées que le printemps purge
Au brouillard des chants païens en secret
Sous le regard incarné dans l'Arbre de mai
Ainsi que le visage imprimé d'un démiurge,
Les danses réprimées, d'un désespoir soudain,
Oh ! réalisme, des adorateurs d'Odin
Dans la nuit de feu évoquent Sainte Walpurge.
Des électriques noirceurs condensées du lourd
Cumulus, cependant, le ciel reste sourd,
Or que se matérialise en goule au crin fauve
Lucifuge à l'émerveillé qui se sauve.

XCIV.
Tremblements

Les Morts absorbent la chaleur ; ils nous font froid.
Les papillons, par leurs inductions négatives
Echauffent déployant à l'inverse l'exploit
Des étreintes infiniment introspectives.

Les Révélations d'Awalhdouateden

Battant, tourbillonnant, sur son trône immobile,
L'ogre murmure et grogne d'une fée fébrile
Tel un orgue en fusion l'ironie versatile.

XCV.
Cosmos

Gaïa en globe infect semble s'abandonner
Se mirant au néant de l'Univers stygien.
Cependant, l'Esprit par les cieux inhalé
Parmi l'abîme où meurt son mirage chtonien,
Astre, se meut imparfaitement consumé
D'entre l'imagination du songe humain
D'en l'intériorité de ce monde inspiré.

XCVI.

C'est fini

Nous avons en commun avec certaine force
Le commerce avec l'air et la terrestre écorce.
Certes, fors ! pas trop tard, mais donc, hélas il l'est,
Qui s'enfuit, dirigeons notre regard à l'Est !
Et souverainement, car ils disparaîtront,
Nos souvenirs d'humanité Nord se mourront !

XCVII.

De la Tolérance

Mort d'un cœur de lion par la lueur emplie
Qui s'abreuve en soi-même ainsi qu'à la coupole
D'un temple du Talion, harakiri s'immole
La verdeur de l'automne en ce creuset de vie.
Les contraires d'un balancement vont de pair
De la matière et du temps dessous le faix.
Car tel un blason zébré que l'on dit de vair
L'épée fut toujours le caducée de la paix.

XCVIII.
Se taire

Par l'épée flamboyante, orbe de magnitude
Encercle une existence en quatre divisée,
La certitude, imagination de l'étude !
Quand même il souffle l'immersion sous la risée.

XCIX.
Quatuor

Au milieu d'un enfer flamboyant se dresse
L'ombre au regard miroitant, ondoyant reptile,

D'entre l'enlacement où de songe il se tresse.
Hagardement, l'écailleux humanoïde
Scrute l'obscurité de son regard débile,
Gardant le parvis d'un sanctuaire ovoïde.
Gracieux réceptacle de leur octogone aux
Quatre angles droits du péristyle, anges brutaux,

S'unissent en croisée d'ogives aériennes
Les fontaines élancées or de ces neuvaines.

Les Révélations d'Awalhdouateden

C.
Les Retardataires

Touts petits perdus, qualifiés de diablotins,
Ne voulant rien avoir à faire aux calotins,
Vagabondent les êtres-fées dans la nature.
Sur l'églantier baisant l'infime égratignure,
Au détour du sentier égarant les rêveurs
Guidés devant la source où l'aulne tombe en pleurs,
Ce sont les vrais *servans* familiers de l'*irrkrut*,
Mandragore où le cerf se tient coi même en rut.
Pas à pas sur les îlots de la perdition,
L'elfe léger va dans la fraîcheur mentholée
Par d'autres sentiers au seuil embrumé, lion
Errant l'année du savoir refusant l'ainée.

CI.
Satiro e Ninfa

Au pied de son idole insensible et vénale,
Qui à l'expérimenté paraîtrait banale,

Se démène avec un vil manque de souplesse
L'instinct viril, hypnotisé par la diablesse

Les Révélations d'Awalhdouateden

Incarnée des ses songes érotésiens.
Auréolée d'un lierre où s'enroulent ses liens

Aux poignets aimantés par la chair virginale
S'effondre en larmes cette nuée baptismale.

Et cependant que sur la mare opaquement
En un nuage laiteux d'amour se répand

Le trouble d'un sable où mille têtards ondulent,
Immondes, en univers sans nombre, ils pullulent.

CII.
Daïmon est Deus inversus

Crocodile sacré, fils de Sevekh-Kronus
Aigle aux berges du Nil, à l'un de ses dix cornes,
S'enlace en le pair Arbre, où chevauchent les Nornes,
Sur lui-même, or qu'il roule *Sator inversus*,

Mordant sa queue comme en une boucle infinie,
D'Osiris reconstitué le corps nouveau,
Par reptation lentement remonté de l'eau
En souvenir de Seth créature amphibie.

Les Révélations d'Awalhdouateden

Et cependant que le peuple inconnu converge
De ceux qui se sont tus vers l'aval de la berge,
L'Hydre à gueule de Lerne d'un vaste rictus
En son monde intérieur absorbe l'Ichthus.

CIII.
Typhon

Devinant des inconnaissables profondeurs
Ainsi qu'une île émergée d'un brouillard viride,
Or qu'un regard révulsé invente en le vide
De son esprit mouvant de mirages songeurs

Des abîmes emplis d'éclectiques rumeurs,
Remonte en cet orbe une grandiose Atlantide
Dont jaillit de temples cyclopéens l'abside.
En un fracas blanchâtre aux terribles splendeurs,

Le monstre énorme érige majestueusement
Sa gueule fantastique aux cils du firmament,
Coquillage où se berça Vénus à Cythère.

Les Révélations d'Awalhdouateden

Et dans cette conque avant que de l'engloutir,
Emerveillé, la réminiscence éphémère
Glisse hors l'inclinaison pénétrant ce menhir.

CIV.
Harmonie des Crores

Vibrations d'une décade, en amont le cône
Du Mouvement primordial au monde physique
Ramifie de sa monade radiesthésique
Jusqu'aux corps les plus lourds cet ondulant trigone.

Tandis que des crores l'horloge astronomique
En leurs rouages insensiblement oscille,
Tel un Dāleth de Pythagore magnétique
Où le dragon cosmique accoste sur son île,

Dans l'océan astral aux cryptes reflété
D'un roi de mille ans, d'émeraude et de mercure,
De spires d'or, macrocosmique surnature,
S'édifie dans l'éther l'insondable cité

Les Révélations d'Awalhdouateden

Que trace la scintillante géométrie
De cet agencement au divin mécanisme.
Mais or que la proportion du céleste prisme
Comme en un jeu d'invisibles compas varie

Sa forme multiple, autre heptagone convexe,
Les planètes de notre système solaire
En grandes lignes reproduisent le complexe
Réseau en cascade des causes de la Terre.

CV.
Le Pain du Serpent

Sous la miche où se love une vipère ophite,
Striée d'une démultiplication cruciale,
A la croisée des chemins, une cathédrale
Végétale ouvre son ogive troglodyte.

Vestige écorporé d'un ancien sacrifice,
Le volatile au noir plumage sur la branche
D'un double arbre mort surveille un brumeux dimanche
Comme un vieil Amish au regard sans malice.

Les Révélations d'Awalhdouateden

Au pied du chêne enchaînés, l'homme et sa femelle
Levant leurs fronts aux cornes naissantes compriment
Le troisième œil atrophié, lobe occipital,

Dans le brouillard obscur de sa sombre prunelle.
Là-bas, d'arums aux lourdes vapeurs qui s'animent
Circulent les longs soupirs d'un courant glacial.

CVI.
Sanguine

D'une aube aimée les larmes d'incarnat
Inondent sa chair d'un flot de prunelle,
Féerie fatale à soi que révèle
Proserpine en sa robe de grenat.
Goûtant au fruit défendu, qu'adora
Partageant de son idole éternelle
La communion, Remord s'exprime en elle,
Autel d'une ambroisie où s'immola
Son bistre surnaturel, et sombre aile
Le crépuscule arde une fleur nouvelle.

Les Révélations d'Awalhdouateden

CVII.
Encastrement circulaire

Clef de voûte, un chapiteau d'araignée en chef,
Perspective, axe un damier apocalyptique.
Comme au milieu d'un océan, trône en la nef
Triomphale où se pose entouré de cavaliers,
D'un désert vitrifié de verre lybique,
Le patriarche orbitant douze chevaliers.
Et tels devant un diable jaune à Notre-Dame,
Table d'Emeraude incrustée en sa rosace,
Genou à terre, eux vers le centre de la place,
Encerclent, convergeant, de ce château la trame.

CVIII.
Bastion

La mémoire enchevêtrée dans les ruines
D'un manoir qu'ensevelit, insidieux
Semblant une vague, un flot de racines,
Gorgone au cristal couvant sous leurs nœuds,

Recèle en sa crypte aux arcs immergés
De salles voûtés les longs corridors.
En chaque écho de palais ignorés
Résonne un chœur de cavités, trésors

Qui rêvent dans la nuit des labyrinthes
Damés. Mais poussant moins avant ses craintes,
L'angoisse à rebours s'annihile, et libre,

Traversant de savantes bibliothèques,
Ainsi qu'en *Le Nom de la Rose*, or vibre
Le feu sacré des sanctuaires aztèques.

CIX.
Fleur du Midi

Par ses yeux de belladone emplis, qui semblait
Si belle et pareille en sa timore de lait,
La cardabelle infléchissant ses capitules
Aux noirceurs embrumées de l'orage approchant,

Pâle ainsi qu'un Kraken thylacinocéphale
Parmi un chaos d'algues et de tentacules
Surgissant de l'abîme en simarre ondoyant,
Carnivore embrasait sa morsure idéale.

Les Révélations d'Awalhdouateden

CX.

Ankh ou alpha

Des vases communicants en dyade
Où se renverse l'ineffable scyphe
Dessus une tablette à hiéroglyphe,
Dans son cœur tumultueux, la dryade
Végète et songe ainsi qu'un acalèphe.
Mais cependant qu'un autre hiérophante
Le devenir de sa conscience enfante,
Se referme de ce serpent l'Alèphe.

CXI.

Duellum

Le savoir à l'Amour alliant la beauté
S'élève ainsi qu'un croisement de sabre ailé
Dont le monogramme autour d'un chêne immortel
Goûte au fruit défendu de son thyrse charnel.
Parmi de ses chaînes les coudées débattant
S'enferme en son discours l'acharné combattant,
Cependant que s'enlace à son décharnement,
Pythonisse incrédule aux iris d'escarboucle,
Le ravissement tel de Nitokris en boucle.

Les Révélations d'Awalhdouateden

CXII.

Au passage

Lorsque par hasard certain spectre me surprend,
Semblant ma propre ombre en une brusque rencontre,
Tout ensommeillé, à demi-inconscient,
Et que l'effroi telle une décharge électrique
Nous saisit tous deux, soudainement contre à contre,

Derrière une porte à quatre heures du matin
Dans un éclair obscur, grinçant et fantastique,
Oh Seigneur ! inspirant un langage oublié
Des Aborigènes d'un horizon lointain,
Alors, nous nous taisons. Chacun repart gêné.

CXIII.

Réintégration

Perdu au fond de la mémoire d'un dément
Levant vers le plafond sans soleil ses yeux, coi,
Un horizon qui donne à voir infiniment,
Démon que son avoir égara de son droit

Les Révélations d'Awalhdouateden

Le plus légitime, un sublime firmament,
Se confond aux calculs de son morose effroi.
Soudain, l'archange étourdi dans un fol tourment
Cite en levant le bras le Livre de la Loi.

Et tout s'évanouit : cellule, antre et prison,
Dont se confond indistinctement la cloison
Dans un tournoiement que silencieuse hypnotise

La panique innée des incarnations d'avant
La solitude inavouée de sa hantise
Devant la profondeur d'un éternel instant.

CXIV.
Bocca della Verità

Des brumes bleues l'évanescent pétale
Sa féminité, telle fleur fatale
Vaporisé de rosée d'alchémille
Se découvre d'un pétiole sessile,
Déployant avec fébrilité, pâle,

Les Révélations d'Awalhdouateden

Aux males parfums du soir orangé
De pollens l'étrangère nudité.

Et comme une algue marine en l'azur
Ballottant, insaisissable méduse,
Dans une aspiration se mésuse
D'une envie de mordre en sa chair confuse
La mutité de son verbe trop pur.

CXV.

Kafzaïne

A glacis accrochée au vitrail condamné,
Mon âme glisse en un dolmen surgi de R'lyeh.
Est-ce Amon-Râ, lotus transportant Ganesh, ou
Béhémoth pachyderme à sa poursuite armé ?
Monostatos, valet qui semble un lynx-garou,
Veille au seuil qu'il garde au nom secret d'Jahweh.

CXVI.
La Métempsycose animale

Des profondeurs de l'inconscient collectif,
Parfois remonte une image au sens instinctif
Qui prend forme, et se matérialise, et s'incarne.
Surgie des intuitions figées dans cette marne,

La manifestation semble d'un avatar
Sa réincarnation, tant l'éternel seconde
De l'unique événement l'essence profonde.
D'Arria, Philinnion, des amants de Kandahar,

Se confondent les destinées dans le creuset
Des temps immémoriaux où parla loi du sang.
Et de ce cercle d'eau le mariage secret
Un mirage en son centre unifie sommeillant.

CXVII.
Ashvatta Hamsa

Le signe de Lumière, en haut et en bas
Point deux doigts repliés.- Sur la paume imprégné
Des sucs d'un ciel montant tombent d'une fierté
Du cep fané tel d'un lys ailé les cobras,
Couronne foudroyée d'un édifice où danse,
Fleuron suintant viride, une harmonie d'éclats
Alliant la beauté aux fleurs de Connaissance.
Et dans cette roue étoilée d'astres divins,
Par l'union de leurs principes opposés
S'inscrit dans le triangle de ses bras humains
La spirale d'or vibrant contre les côtés
Dans un essor infernal tel de serpentins
L'enlacement à leur pied, souche septénaire
Qui s'élève dans les profondeurs de la Terre.

CXVIII.
Les Embaumeurs de Prométhée

En les huit rampants, un couple se forme, unique,
Du patron de la pyramide au croisement
Qu'une vue aérienne épouse apparemment.
L'œil seul du faucon résout ce carré magique.-
Des éléments avec le divin sens des globes
Dont les couleurs tournoient telles frôlant les robes
D'un hermaphrodite à bec muni d'un carnet
Qu'il fuit, téléporté d'une branche au sommet.

CXIX.
Tours de Garde

Sur la plage de Megiddo où un Dragon
Patauge, et guidé par ses cols se distordant,
Au son grave des trompes de l'Armageddon,
Sous la bride adamantine en chaînes d'argent

De Babalon, la fiancée de cuivre changeant,
A ses fronts diadémés le Decameron
Resplendit en lune hermétique imbue de sang.
Diable créateur, tandis qu'émergeant lion

Les Révélations d'Awalhdouateden

Ondule d'un reflet troublé en négatif
La séparation du mélange primitif,
Se referme la boucle où glisse l'urobore.

Vêtu d'une cuirasse à chevrons, sur les eaux
Le Basilic capricorne aux mille chevreaux,
Renverse la Prostituée et la dévore.

CXX.
Le Vase renversé

Tel afin de la mieux pétrir,
Chauffer, étreindre et amollir,
D'un djinn la pure inflammation
Vacille. Et son attraction
Malaxe d'un geste rapide
Le fruit de son désir, martyre
Manipulant, de brûlante ire,
Sa cire ainsi qu'une dagyde.

CXXI.
Fleurs d'un songe

Surgies des mousses, les fleurs, des bois, nébuleux
Papillons tintent, luisent et étincèlent
Comme, en un écho, qui muettement s'appellent
Des grelots lumineux dans des coquerets bleus.
Ca et là traversés par des lutins grotesques,
Semblant des anciens temps autant de déclins,
Prospérèrent-ils tel un peuple de coprins
Avant de s'éteindre en fines pluies d'arabesques ?

CXXII.
Un peu vrai

Sans doute égrenant goutte à goutte un chant,
Sur la croute, qui goûte, du gravier
Un hongre écoute Klingsohr chevauchant,

Semblant la roue de la Fortune détourner.
Tout dépend sur quel plan on veut évoluer.
Les Révélations d'Awalhdouateden

De plus en plus s'en fait la matière.
Multiple, et l'inextinguible lumière
Déploie son explication dernière ;
Des lois sans fin de son savoir maudit,
Mais jamais véritablement ne dit.

CXXIII.
Les Deux deniers

De l'extase oublié sur un prisme sonore,
Médite le schisme ainsi qu'un lotus d'Angkor.
C'est un sol noir et blanc qu'en mare il subodore.
Et dans la netteté de troubles mis à mort,

Le spectacle injurieux d'un spectre bruit ses claques.
Les deux deniers posés sur les yeux du dormeur
Tremblent du clignement d'éphémères qu'un pleur
Badine de palpitations dionysiaques.

Les Révélations d'Awalhdouateden

CXXIV.

Logos

Du point d'origine, infime géométrie,
Par la structure d'or bouillant développé
Se rejoint à la nage, invisible fratrie,
L'éclair lacustre en son pentagone encastré,

Qu'apparente, or, une secrète guématrie.
Dans ce grain de sable où répercussion, et
A chaque inversion de ses chocs, infinie
D'un flou vague se distord la diversité,

Est différenciée chaque essence en l'autre unique.
Mais au fond du brassin de l'œuf philosophique,
Décante en un tourbillon exponentiel

La substance originelle que symbolisent
Les correspondances entre terre et ciel
A travers un rayon qu'en spectre ils pulvérisent.

CXXV.
Sept Chattes

Féerie d'un mimétique échec que répand
Sechât, profonde étoile à ses cornes lunaires,
Le surpassement déployé de luminaires
S'épand en poussière embrasée d'or qu'un serpent

Illumine en tremblant de sa queue magicienne.
Le ver lutte et se bat comme un Fafnir superbe
Qu'en sa chaîne emprisonne une soie méridienne,
Affectueusement fine. Tel, étreignant l'herbe

Fragile et qui coupe ainsi qu'un couteau tranchant,
Le fer de la logique, extase immaculée
Que refoule, irrésistible et glorieux penchant,
Son étreinte, immobile absorbe sa pensée.

CXXVI.
La Transfiguration d'Apis

Des anneaux de Saturne ainsi précipités
Autour d'une étoile, ogive à l'œil miroitant,
Des météores en pluie se sont rassemblés.
Les flammèches dorées en nuage vivant

Les Révélations d'Awalhdouateden

Semblent fascinées par la perfection de forme
Dans cet iris dont s'abîme l'autre alvéole
Telle une facette hérissée d'une auréole,
Du sanctuaire où luit sa proportion énorme.

Et plus il s'approche et chacun se connaît plus.
Comme écoulés d'un vitrail nimbé de noirceur,
Larmes unifiées d'un ciel fécondateur,
Les septuors errants convergent vers Vénus.

CXXVII.
Elégie groenlandaise

Au rythme inaudible, où ploie la glace, des glisses
De vagues, taisant des sirènes les refrains,
Nuit irisée par son palais de cristallins,
Séduisant les créatures des abysses,
Informes krakens, raie mouvante et veaux marins,
Règne en majesté, Dagon aux airs féminins,
La Dame de l'Océan sous l'obscur néant.

Les Révélations d'Awalhdouateden

Sur la banquise, aux sourcils gelés par le vent,
Les Esquimaux espèrent le gibier latent
Et tremblent en chantant d'antiques mélopées.
Cependant que l'anguekok à pleines poignées
Tire indéfiniment les algues ondulées
De la faille instable, agonise en râle aigu
Le sortilège voluptueusement ému.

La fée translucide au regard d'encre insondable
Lance soudain dans l'onde un cri épouvantable
Que l'azur répercute des grottes glacières !
Harmonie emplie de nostalgies éphémères,
Alors se meurt transie en ondulations d'ambre
La vision de la chimère en pleurs qui se cambre,
Evanouie parmi des contorsions claires.

CXXVIII.

Un fleuron d'émeraude sur un plat d'argent

Or que des clefs de croisées en tragique sylve
S'élèvent les panégyriques éclatants,
Harmonies marines embouchées d'Ægypans
Hors de volutes déroulées aux blondeurs d'Ilve,

Un mécanisme céleste ouvre ses battants
Ainsi qu'une double paupière en gestation.
Du mauve igné au vert des lueurs l'ondulation,
Colombe égyptienne éclose à travers les temps,

Se pose à la margelle d'or de ce calice,
A la fusion renaissant de son supplice.
Et telle la démultiplication d'un globe,

Le Verbe s'incarne âme et substance au trilobe
Liseronné de ce flamboyant édifice
Où grimpe unicorné quelque léonin lice.

Les Révélations d'Awalhdouateden

CXXIX.
Abracax

*Horrida tempestas montem turbavit
acutum.*

Horace

Dessus la roue d'Ixion qu'en ses quartiers astraux
Rejoint cet urobore, ou de tel chien *courtaults*
Sur la branche trônant de son regard plongeur,
Ou de l'être en son axe où le Temps, ce rongeur,
Poursuit son ouvrage imperturbablement
Du dé Monde envers détient le sceptre cinglant ?
De la Tempête qui devient l'exécuteur
Afin de rectifier du Reste l'équateur.
Car, aurige inconnu d'un simiesque attelage,
Le gnome accroupi de ce rameau sans feuillage
Bat tel un cerceau l'arcane de la Fortune
Dont l'origine retourne aux essieux d'aucune.

CXXX.
Lumière obscure

Aux limbes matériels par son rythme aggravée,
Sur les plans inférieurs la vibration s'apaise
Des visions de l'esprit qui de son désir pèse
Comme un ange déchu dont bat l'aile atrophiée.

Cependant qu'il aspire à l'humble créature,
Le souterrain grammate ainsi qu'un serpent sage
Froidement thésaurise, et sa terrible ouvrage
Croît au nombre exponentiel de sa géniture.

Faîte palmé pyrique, or que de Prométhée
Se trame patiemment l'étoile d'arachnie,
Resplendit en l'azur l'obéliscolychnie
Révélant d'ombre l'existence illuminée.

CXXXI.
L'Ange Gardien

Daïmon inconnu, que, géographe en veille,
N'ombrage Habuhiah l'épanouissement
Des ailes du Lucifer qui en moi sommeille !
Des hauteurs du Rhin brumeux, il plonge hardiment
Dans tout un cataclysme à la sonnante oreille.
Dors, dors, ô fée des songes d'élévations…
Et soumets-toi, mon âme, encor à tes passions.

CXXXII.
Ophisme

En un Delta du Nil, il fut celui d'Horus ;
Le Serpent de Lilith dont l'orna Collier ;
Et le don de Wotan, et l'œil de Longinus
A la Nuit suspendu ainsi qu'un collier.
Mais loin de rire enfin, la belle ténébreuse
De son regard profond y figure en secret,
Grande Ourse en qui la pluralité nébuleuse
De sa trinité l'androgynéité parfait,
Et Balder au marteau de la foudre qui frappe
Démembre des géants lors d'une ultime agape.

Les Révélations d'Awalhdouateden

CXXXIII.
L'Un Seul

Tel Ta'abatta Sharran son sabre sous le bras
Pour dompter dans la nuit une goule des sables,
Tourbillonne au gré de ses sinueux manèges
Des vaguelettes ébouriffées de fins draps
En ondulations aux contorsions aimables
La grâce sans pitié d'un léopard des neiges.
Sans cesse une herse abattue qui mord du liège.
Le fauve à pleines dents est pris en son piège,
Enchevêtré d'un amoncellement de lieux,
Dont la fausse vertu se jeta sur le pieux.

CXXXIV.

Aëschma-daëva

Orgie gothique où succombe affamée la transe
Qui semble revêtir les atours d'une danse,
Cet essoufflement d'orgasmique exubérance
Se pétrit avidement d'une ultime étreinte.
L'asthme aérien d'un œil nébuleux s'éreinte
Pupilles dilatées sous sa bure en sac brun,
Inspirateur des lubricités de Loudun
Que, nuée de succubes, il harcèle en vain.
Et dans le regard noir de son souffle incarné,
Amant tricéphale et flamboyant d'Astarté,
Tourbillonne un organisme ardent décharné.

CXXXV.

1.

Ne daigne

Le rêveur, sur son front éclatant la lumière,
Trébuche, oh son hochet ! à la marche dernière.
Bélial, bouffon initiateur marche derrière.
Il pénètre en la Douat d'un éclat vermeil,
Mimétisme où le mort contemplant le soleil
S'identifie à Nehebkaou, le serpent
Qui donne chaleur à cet astre le couvant.

2.

Ars Magna

Par la puissance unique, influence indirecte
Aux miroirs en spirale d'or photographiée,
Se maîtrise à tort sa conséquence suspecte.
Sagesse de la raison par l'autre égarée !
C'est la contemplation du tout correspondant.
Qui était le fou, l'empereur ou l'innocent ?

CXXXVI.
Usurpation

Le rectificateur détrôné par la mouche,
Séparant de chaque essence écrémant la couche,
Ecume, bon à rien, sur un char en feu.
Cependant que, bélier triomphant, il enfonce
Un pont-levis sur des eaux que l'illusion meut,
Le serpent de sa narine effrontément fronce
La truffe au trèfle bovine, espoir souterrain.
Carrosse noir bleuté, du cauchemar le crin
Qui semble à travers l'espace un fin réseau coudre
S'électrise au plus parfait esprit de la foudre.

CXXXVII.
Ballet cosmique

Des lauriers saturniens chut un Graal de Grèce
Où désormais sur sa faille flambe la graisse
Du Nombril du Monde à Delphes du ciel jeté
Tel un sort au nombre trois fois d'un jeu de dé.
Volcan dont jouerait l'astrologique dauphin
Surgi d'un calice consacré par Vulcain,
La faux acérée du titan chronologique
Balaie ce monde faux de sa serpe druidique.

Les Révélations d'Awalhdouateden

CXXXVIII.
Le Sang de Kvasir

Au miel d'ignorance versé comme un ferment
Se répand d'un Dragon nain achevé le baume,
Chaudron où se baigne un guerrier portant son heaume.
Et cette pulsation au noir jaillissement
Recouvre en s'étalant son règne édifié
Pareille à de l'encre écoulée sur une table.
Et devant ce spectacle l'argonaute instable
Semble un étudiant par l'angoisse liquéfié,
Cependant qu'au milieu d'un tel délabrement
Trône en se vautrant l'éclat vermeil du couchant.
Si le Dragon reçoit une âme et perd son dard,
Il se régénère avant qu'il ne soit trop tard !

CXXXIX.
Nuée ardente

La rondeur de la planète flotte en ménisque
Quelque part sur les réseaux contraires d'un disque
Où l'invisible ourle à rebours du manifeste,
Et remonte, et s'incarne, arche au Delta céleste.
Comme une giboulée de soufre condensée
Qui se fixe en l'air, pleut le souffle d'Asmodée.
Et tout illuminé par cette goétie,
Gire le globe de sa spirale infinie.

CXL.
Origine Araignée

Sous le signe de Bélial, ange gardien noir,
Le cauchemar d'enfant qu'un valet de tarot
Hantait dessus le damier de son manoir
Avant que de savoir s'est éveillé trop tôt.
Egaré dans le château de sa signature
Dont les trois croix de feu lui avaient dérobée,
A nous donc l'étreinte jalouse de la fée
Qui lutte, avec les splendeurs de la surnature.
Et que les beaux accords de son luth idéal
Ravissent encor un mortel au sort bestial
Où son corps enchaîné gravit le piédestal
Que domine de l'éternité l'œil fatal.

CXLI.

Pandragon

Dans les chênes anciens où mainte Hamadryade
S'émeut parmi sa frange imprégnée en cascade
Sous un dais de lucioles étincelant,
Charmé par des parfums aux touffeurs amandines,
La nostalgie absente ailleurs vagabondant
Parle un langage inné aux fleurs adamantines.

De cette eau ignée qu'en leurs corolles timides
Où des temps l'espace unifie les palimpsestes
L'alchémille avant l'aube à la cornue des druides
Recueille ainsi que les larmes plues d'une hélice
Dessus mille homuncules en cristaux célestes,
Grandiose et luxuriant pareil à la fontaine
De joyaux scintillant cette spagyrie, glisse,
Sinueux caducée d'un calice où la Cène

En laquelle or Mercure au soufre se mêla,
Orient nébuleux d'une septuple Idra,
La caresse insaisissablement enfuie
D'ivresse insatiée d'une heuristique espérance,
Semblant d'une passion vaporisée qu'en pluie
Coagule à ses feux du Phœnix la semence.

Les Révélations d'Awalhdouateden

CXLII.

Avatar de Perséphone

L'apparition, cauchemardesque extase,
D'un archétype incarné dans le rêve
D'un Perceval qui découvre, et s'embrase
Au liquide vital, qu'un vent soulève
En son sein, tel sur la neige nouvelle
Pervertit le charme indécent en elle.
De sa capeline de Lucillian,
La goulue ravale l'éclat tranchant
Dessus la blancheur vierge s'écoulant
Où perlent amers des diamants infimes
Ainsi que la rosée d'une anémone
Essoufflée d'un spasme anxieux dont frissonne
De sa gorge au frémissement des crimes
Un trouble trop tard, purpurine avec
La mignardise aux canines d'un bec.

CXLIII.
L'Orage des Dieux

Vermeil éon semblant de Babalon
Chevauchant Baal Trinaire en Avalon
Dont, couple de licornes bicéphales,
S'unit le cercle en vagues décennales,
Trône à la nef quintuple de Jacob
Dessus les flots la Vénus ascendante.
Rougeoyante aube que cette Bête hante,
S'enrichit de l'humilité de Job
Le Macrobe hébété par l'Epouvante
Où aboutit cette tour de Babel,
Si belle en son orgueil de titan blême
Qu'elle semble d'un ange le blasphème
Ecroulé dessous son verbe charnel.

CXLIV.

Les Anges de Lumière

Sans écart entre cadrans, jeux en neufs réduits,
Soit sente d'où ceux bons génies, les mêmes noirs,
Se divisent en deux du python les conduits.
Mais, car le tout est œuvre d'orgueilleux vouloirs,
La montagne primitive en ses rocs célestes
Recèle maint couloir où des temples sommeillent.
Et dans ces cavités d'argent se posent, lestes
Sur un lit de granit les esprits qui s'effrayent
Parmi tout un chaos sous-tendu de démons
Mugissants qu'ils emplissent de leurs goémons.

CXLV.
Salve Coegli

Prométhée, porteur de Connaissance infernale,
Se tord au rocher tel un serpent crucifié
Du supplice d'Horus par l'image harcelé
Dont bat sur son torse empli d'une nuit d'opale
L'envergure abîmée aspirant au lointain,
Qu'ouvre un arc pulvérisé de vivant airain,
Profondeurs d'un Atlantique étoilé de roses
Au néant révélé de l'intériorité.
De son fruit défendu le thyrse de sagesse,
Pampre subtilisé par la lettre des gnoses,
Garde jalousement le signe entrelacé
Comme un oiseau de paradis à l'ombre épaisse
D'un Yggdrasil au firmament enraciné.

CXLVI.
La Petite Année

Incendié aux plancyques dérisions,
Haborym enfourchant, duc de vingt-six légions,
Majestueux au flanc de ce hongre trinaire
Le mouvement à reculons d'une vipère,
Brandit son flambeau d'ombre, ô heures égyptiques
Aux funestes simonies ! Songes chimériques,
Crore épagomène d'années climatériques
Où l'on voit émerger, vers le Septentrion,
Des têtes serties de chat, d'homme et de lion.

CXLVII.
La Parole d'Ousir lucifugé.

Kakemphaton

Par delà les contrées qu'enfume une mangrove
Où maint serpent ailé dans les fanges se love
D'un humain bayou dont les franges de fantômes
Aux doubles d'Hanuman exhibent leurs rhizomes,

Les Révélations d'Awalhdouateden

Se dresse dans le soir qui se pâme, floral,
Un Walhall secret empli de flamme et fatal.
Dans les dédales d'un palais irrégulier
De carreaux contrastés damé chaque palier

Que joignent en réseaux de toile un escalier,
Inquiétant la pénombre hors d'une impasse obscure,
Derrière un pilier massif au fût circulaire
Tel d'un valet d'épée la sinistre figure,

L'épais faisceau sourd semblant un coléoptère…
Qui tourne et siffle encor et craque sur lui-même
Pareil en le soir à quelque ennuyeux blasphème
Dont muent les ondoiements en cascade radieuse,

Esprit de fleurs d'où, promenade merveilleuse,
La mandragore hermaphrodite unifiée
Qui se grise aux moiteurs condensées en cristal
De leurs chairs en gloire pleure, puis mortifiée

Ainsi que le porteur fasciné du Saint-Graal,
Des lueurs de feux clairs d'eaux par ces salles gardée.
Plastron d'écrevisse où, cuirasse astrologique
Vide d'âme est absent le portier menaçant

Les Révélations d'Awalhdouateden

Des parvis dallés, le projectile ironique
A nos paranoïas tait un cri glaçant
Que répercute au fond de son thorax la ville
Qui pousse à ce cerveau qu'en Phrygie de Cybèle

Imita la coiffure. O ténébreux asile !
Mais malgré la beauté, et fût Isis si frêle,
Belzébuth l'irrévérencieux putréfacteur
Sous l'essor bourdonnant de ses légions en nuage

Resplendit tel un kraken variant sa couleur,
Cependant qu'ébruitant son lointain caquetage
L'Ombre de Kwan-Yin coule en Ahura Mazda
Son rire où aspire à soi-même un blême hourra !

De la volupté noire où l'étouffe la mante
La Reine de la Nuit songe en l'étoffe aimante.
De sa carapace épaisse ainsi qu'une armure
Aux *Ma* d'Inde inversés qui pointent vers la terre,

Par un cercle impassible attend la créature.
Démiurge au lourd tremblement d'un peuple éphémère,
Seulement se meut son regard de sentinelle
Au retard d'un intrus aux hésitants retours

Les Révélations d'Awalhdouateden

Entre le sanctuaire étroit de ces deux tours
Que d'Osiris l'unique formule ensorcèle.

CXLVIII.

Magnétisme des Astres

Le visage en feu d'un ange apocalyptique
Révèle en son triangle un secret septénaire.
Construisant d'un déploiement géométrique
Un réseau simple axé sur chaque luminaire,
Se démultiplie le spectre jusqu'à sembler
Une courbe ondoyant d'aurore boréale.
L'unité reflétant de ce corps assemblé
L'entité antérieure en sa spire fractale
Lovée d'un régulier décalage de conque
Que comme dans un Delta d'or le suivant tronque,
S'écarte de son centre inconnu qui n'est pas,
Pour revenir au même point du canevas.

CXLIX.
La Truite du Belchensee

Lentement, elle circule, un petit sapin
Croissant sur son dos moussu tout autour du lac.
Cependant que Bélénos à la lune verte
Contemple immobile en un regret le déclin
Comme le croulement d'un mont-joie du Larzac
Qui donne un repère au berger en pure perte,
La déesse Fricka, des luxuriants orages
Frémit de sa gorge tremblante une élégie
Que la brume en son haleine solidifie
Où se mélange un rictus luxurieux des Ages.

CL.
Les Yeux au Ciel

Le signe Bât en Egypte, sphinx optimiste,
Lève une antenne hermaphrodite à l'Architecte
Sous des airs à la fois tout craquelants d'insecte,
Et sa somptuosité de vipère humaniste.
Très lent, hésite, escalade et ne comprend rien,
La vie qui tourbillonne et sombre au néant dessein,
L'inspiration d'esclandre hallucinée qui grimpe
Comme un singe incrédule au voile de sa tympe.
Des racines d'un cèdre extrayant le sel,
Puis, centre du dodécaèdre universel,
Point de vue qui au milieu de rien se cache
D'extrémités de vue pendulant à la hache,
D'anxiété se rétracte sa trompe lâche.

CLI.
Cosmogonie de la Nostalgie

La face au grand soleil où s'est fondue la mer
A force de contemplation semble au Cancer
Unir la fauve constellation dorsale
Qu'or dessus ce cadran, au remord, virginale,
Insidieuse, ondule à son pied la manticore
Qui étreint son corps ainsi qu'un vieux sycomore.
Car la geste aux émanations génétiques
Des tentations lascivement chimériques
Se retourne et transperce en la chair de lion
Le roulis venimeux de son dard de scorpion.

CLII.
Phosphoros Eosphoros

Le Phénix aux yeux d'ambre tous les cinq-cents ans,
Sur un nid d'encens balmiques où il répand
La flamme de Mercure au soleil se levant
Retombée de spores aux phosphores brûlants,
Evoque en se régénérant son potentiel,
Et renaît de ses cendres par ce rituel.
Le petit contenu dans l'ineffable sphère
En abîme excentré que de sa griffe il serre,
Flamboie déjà de la mort que contient sa vie
Dans la finitude, or, d'une geste infinie.

CLIII.
Dans les Arcanes de Zoroastre

En un palais pavé d'or et de vif argent
Où pénètre l'esprit porteur d'un globe ardent
A travers quatre portes simultanément,

Et des parfums oubliés d'encens de Zkauba
Matérialisent parmi des vapeurs l'aura
D'êtres subtils ainsi qu'un vase où rougeoya

Un nuage irradiant d'acide sulfurique,
La lueur toujours égale hors l'abside ionique
De ce temple étranger vire en spire conique

A travers les degrés jusques à son pinacle.
Et redescendant tel son inverse spectacle
Le spectre à soi revient dedans son réceptacle.

CLIV.
Cavalier seul

Tournant le dos à l'icône en face idolâtre,
L'expansion visualisée du voyant
A la certitude émancipée qui s'étend
Varie en vacillant de sa flûte de pâtre.
Et d'Hermès attendant la feuillée somnifère,
Sur son front languissant aux lauriers délétère,
L'Endymion s'éveille, à ne savoir qu'en faire,
Aux fluxions de l'Hadès septentrional
Qui, épuisé, de sa toupie tisse l'archal,
Et de ses pleurs dans les étoiles la pluie
Intarissable ainsi la carafe d'Elie.

CLV.
Le Djinn

« Pour punir les hommes, Dieu réalise leurs vœux. »

Verset

apocryphe

La vertu de compréhension
Par les louanges qui savent bercer d'illusion,
Derniers atours du vainqueur lâche
Afin de s'attirer les faveurs de Gusion,
Deniers de Guzman d'Alfarache,
Ses premiers cris d'extase arrache.

Les femmes lui faisaient mille amabilités,
La gloire lui tendait les bras,
Son cœur embrassait d'invisibles vérités !
De ses atouts, il était las.
Alors, il ne fit rien du tout.
Un sigil pendait à son cou.

CLVI.
Iran littoral

Un destin prude avantage avant tout les preux.
Le Viking Hermund, guerrier aventureux
Plus que de mesure, échoua aux plages vertes
De la riche et puissante Mésopotamie.
Se croyant précipité aux landes désertes,
Ce voyageur rencontre une contrée amie.
La barbe ondoyante, ou le corps musculeux
Sous un fracas de feu, charma les Nornes, certes !
Chevauchant de la vague le dragon au creux,
L'année de sa gueule ouvre au chemin serpentant
Deux rangées en barillets de herses ouvertes
Comme un requin pourri qu'il croque à *pleine dent* :
Durant bien des lunes peinant déjà, Iddan,
Gravant des runes nous laissa son épopée,
Et semblant parfois, de sa sève enveloppée,
Les oracles péris du Dive Gian-ben-Gian.

CLVII.
Vampyrus eris in æternam

Entre l'alignement du soleil invaincu
Avec la Terre et de la Voie Lactée le centre,
Et la renaissance où l'image incarnée entre,
Revenant à son principe, au sanctuaire ému,
Se déroulent toujours des prodiges obscurs.
Mais figé dans la chair comme les sanglots mûrs
Du figuier de la Connaissance, heureux Baldur,
S'enroule de l'infini la mesure au fur.

CLVIII.
L'Insaisissable

Assis en lotus dessus la pierre cubique
Reposée aux pouvoirs jaillissants de la terre,
Roule sur le globe ainsi qu'un serpent cyclique
De sa férule hanté, le Monde séculaire.

Les bras croisés comme une déesse égyptienne,
L'*ouchebti* protège un mystère incantatoire
D'une entité prisonnière étreinte en la gloire
Qu'un commandement de haut confère à la sienne.

Les Révélations d'Awalhdouateden

Descendue implicite, enveloppe multiple,
La forme développe, image ectoplasmique
Dont s'enrobe et s'abîme s'animant le triple,
L'essence d'une pyramide qui s'imbrique.

A travers de trois-cent-soixante-cinq cieux l'isthme,
Des puissances se déploie l'essor temporel,
Synchronisé dans l'illusion, de l'éternel
Charriant tel un royal présent le charisme.

CLIX.
La Médecine universelle

Sur un damier lisse où murmure une fontaine,
A travers la verdeur d'un cristal translucide
Qui luit ainsi qu'en un calice végétal
Palpitant dans la nuit, qu'un vase de la Tène
Plus finement diaphane en l'atmosphère humide,
Ondoie tel un rubis le vivant cœur du Graal.
Et de ce globe ailé que l'on dit l'œil de Râ,
Emane une énergie qui gronde par l'azur,
Portant l'astre invaincu à nouveau éclairci
Quand une colombe où résonne son aura
Vient régénérer des sylves d'Excalibur
La corolle offrant, fée captive, son oubli.

Les Révélations d'Awalhdouateden

CLX.
La Nécessité de Judas

On ne dira jamais de la belle Jehanne,
Tant elle fut sublime, autant qu'on la condamne !
L'élan que ses charmes inspiraient aux fervents.
Serpente, ô qui entoure les secrets couvents :
Le devenir de la prêtresse d'Abantonne,
Souvenir sacré, jamais ne nous abandonne !
Car l'absolue sincérité dionysiaque,
La surpassant par sa dévotion démoniaque,
Absout d'un feu vrai, transfigurés les instincts,
Telle une assemblée austère de Turlupins.

CLXI.
Mutus Liber

Cavale d'un bandit, vulgaire *caballum*,
Le cheval kabbalistique, au trot pied-bot,
Détendant les boyaux nervés son cymballum
Retentit percutant avec force sabot.
Becquetant au sabbat des savoirs tue sa grive,
O Tseus des armées ! Sabaôth, la force vive.

Les Révélations d'Awalhdouateden

L'Empereur, César-Dieu d'un nombre sacrilège,
A l'heure de Saturne, un jour mercuriel
Où la Lune d'étain se teinte dans le ciel
Tout strié par le rayonnement qui s'allège,
Mystère auroral, de l'astre de Lucifer
Rappelle un flot d'Apocalypse de Dürer.

CLXII.
En deçà du Visible

Dans une forêt vierge de toute pensée,
Dont l'air, brume ainsi que de photons éthérée,
Paraît sensiblement de planctons la nuée,
Prend forme et germe à la moindre impulsion d'idée
Une orgie bleue-or d'arabesques colorée.
Et la féerie magnétique, ensorcelée
Vrille en l'azur comme une danse étincelée
Des profondeurs abyssales de l'empyrée,
Limbe océanique. Au néant stabilisée,
Décante au fond de son éternité l'orée
Par aucune onde interminablement troublée.

CLXIII.
Svartalfheim

Alentour d'un manoir crépusculaire
Pavé d'un rouge et noir énigmatique
Centrant en V sur sa pierre angulaire
Où rode un inquiétant valet de pique,
Comme surgie des sables, solitaire

La herse entre deux tours d'un fuyant fort
Que dominait une veuve éthiopienne,
Ainsi qu'en une toile étoilée d'or
Sombre, elfique, une jungle souterraine.
Main de gloire brandie au ciel du Nord,

Sous-tendu d'un soufflet d'accordéon,
Le château de cartes se dresse encor,
Au lisse Avalon d'un rêve opiacé
Où s'avance immobilisé le pion
En biais de toujours et du passé.

CLXIV.
Atalanta fugiens

1.
L'Interstice de l'Impossible

Par sa route contraire, un cavalier *fae*
Suivant de la fatalité l'appel charmant
Sur le sol en damier d'un temple égaré
Frappe l'œuf philosophique d'un fer ardent.

Devant l'âtre, il hésite à trancher l'insécable,
Autre Agamemnon épargnant Iphigénie.
Teintée par les rebours de sa crainte à la table
Gravée recèle en soi la pierre du génie

L'oiseau de roc que tente une évasion subtile.
Et semblant par Deuquet la triple porte peinte,
Eon isiaque décroissant son aile en style,
S'ouvre tel de Kadath l'entrée du labyrinthe.

2.

Hermès Strophaïos

De son glaive ajusté par la constellation
Séparant les moitiés d'un lion de fumée,
Le justicier pourfend aux créneaux le griffon
Qui se meurt abattu à son arme enroulée.
Près de l'arbre immortel, un fou montre son ombre
En direction de la cité abandonnée,
Car dessus un coudrier seul, la foudre vrombre.

3.
Grincement de porte

A l'angle où se rejoignent
L'imaginaire et la raison
La plus austère qu'accompagnent
Le bon sens en son illusion,

-C'est là que se matérialise,
Par delà l'analyse
Dont l'écart ténu se réduit,
Et se défile dans la nuit
L'en-deçà symbolique
De la réalité psychique.-

Et la vue délétère,
Divines vertus du mystère,
Sans voix le compagnon fidèle
Oblique à tire d'aile.

Les Révélations d'Awalhdouateden

CLXV.
Galices

1.
Le Peigne de Saint Jacques

Alternant vallons blancs semés d'arène fine
Et combes rougeoyant arides au couchant
Qui vert sur les *rías* décante dans la bruine,
La nuit de saphir danse. Aux flammes balbutiant
Des bûchers où la pureté se renouvelle
S'achève un monde, Alchimiste de Compostelle !
O *Finis Terræ* aux sombres dentelures,
Parmi le vair parfum des figues presque mûres
Où les Femmes Transparentes par leur couleur
La teinte empourprée tel d'un vin ruisselant
Sous le chemisier de soie d'une peau diaphane
Ravalent empourpré de sang limpide un pleur !
Il meurt et mord leur sein ténébreux en brûlant
Le cœur clair battant sa lueur dessous la membrane
D'une virginité aux forêts de Galice
Inspirée à la mer montée en vague lisse.

2.

Revoir

Pour la dernière cène, à Cee au temps jadis
Aboutir au spectacle entre ce golfe infime
Assez, voir quoi s'abîme en se reproduisant
Des caps à perte de vue de jade et d'anis
Au hurlement bizarre et planant qui s'anime
Sur les rochers d'argent d'un bracelet celte. En
Ces contrées voyager jusqu'aux îles d'Annwyn
Englouties par delà d'Hercule la colonne
Comme un firmament de glace à son crépuscule
Révélé par les eaux transparentes d'un Noun,
Tourbillon aspiré d'une conque où il s'annule,
Farouche et profond qui à l'autre monde donne.

3.
La Vie des Landes

Territoire originel, inondée
Des Gaëls s'ouvre une baie ancestrale
Quand vient la lune noire à la marée.
Et dans la moiteur brumeuse des plages
Où de Séléné fuit la lueur pâle,
Sa mélopée monte du fond des âges
Ainsi qu'en un dolmen la spire en croix
Entre un chant de cornemuse et la voix
Prise au son de harpe d'une *meiga*.
Sur la blancheur des sables mouvants neige,
Or qu'un sinueux réseau de flots verts piège
Qui se retire en serpentant qui va
Là où seul le silence de la mer
Rythme le secret des landes lointaines,
L'horizon d'au feu d'un terre et ciel clair
Des scorpions sautillant par centaines.

4.

La Morena

Vaste chevelure épandue d'algues brunettes
Dessus le littoral d'une chaste et viride
Froideur, mais chaudement berçant les goélettes
Baignant le cristal d'écume au bord qui se ride
De l'océan, se balance un phare immobile
Sur le gouffre béant de cette chair nubile.
Tout d'azur, dans la lourdeur du septentrion
S'avance le bastion d'éclairs de l'Aquilon.
D'où filtre un soleil obscur à travers les ondes
En la douceur cotonneuse aux étoiles blondes,
Des criques bleutées la nuit tiède d'or asperge
Aux franges des *rías* les veines sur la berge.

5.

Tempête gaëlicienne

L'océan, monstre énorme, happe les rochers bruns
Auxquels il arrache un râle écumant de rage
Crachant des gisements savonneux, et sauvage
Où se mêle la plainte aux crues émeraudées
Qui se fondent au gris argenté des embruns.
Et dans la brume où presque on voit monter des druides,
Spectres suivant son double en ces limbes humides,
Sur des crêtes moussues par la houle érodées,
Des murs opalescents dressent des vitraux minces
Dont les créneaux semblent une végétation.
Le tourment de la tumultueuse passion
En nues rosées du soir s'écrase dans les pinces
Hostiles des marais aux criques d'un ruisseau
Dans des forêts de buissons épineux plus haut.

6.

Eternelle

Synthèse immaculée, sculptée par les reflux
De génération antérieure à l'être humain !
Encor magnifiée par la gerbe à pic des rus
Aux bras saumâtres abreuvés du bref déclin
Où se métamorphosent, boucles ondulées,
Les moiteurs du littoral en marges brûlées
Dont les incursions dévorent le sel brassé.
Régressant plus tard et encor moins vers l'avant,
Arc-en-cristal chtonien que son déroulement
Dévoile à l'avenir évoquant ce passé.

7.

Greniers à grain

Maisonnettes perchées tels des tertres en brique
D'un gris granitique aux éclats diluviens,
Sous la foudre frappant des *hórreos* anciens
La pointe cruciforme ainsi qu'un mât celtique,
Vaisseau fantôme où maint trésor marin s'imbrique,
De Saint-Elme les feux se font aériens.
Fermes à la base ocre enfoncée par les vents,
En la timide exhalaison d'un mas plaintif
S'apaise la tiédeur d'un soir contemplatif ;
Des serpents familiers rapides sifflements.

CLXVI.

Avalons de poussière

On est en cette Malmaison
Dont le silence est un poison
Et pour toute hargneuse raison
S'écluse un rhum de malfaçon.
Parons, rustique exhalaison,
Et au son d'un accordéon
L'on se repaît en un frisson,
D'un frelat d'infâme humaison.
Trop piètre au mont de la moisson
Dissimulé de la saison,
Réveille-toi, mon vieux bouffon !

D'un opéra bouffe ébouriffant le griffon,
Bouffi, réveille-toi de mauvaise façon.

CLXVII.

Valse astrale

En double pyramide, au ciel, corps de lumière,
Le reflète inversé le tétraèdre inscrit
Dans son propre prisme où médite en soi la pierre
D'un cœur. Vermeil flamboiement, l'étoile reluit

D'un nuage vitriolé dont l'auréole
Se baigne aux verdeurs nimbées de Sirius, Algool
Tournoyant en sa danse ainsi qu'une alvéole.
Ces jumelles à bout de bras saisies en vol

D'un vent électrisé palpiter dans l'éther
Semblent, comme un faisceau bigarré, puis en vrille
Un tourbillon qui remonte en un appel d'air,
Et toujours plus infime à la base vacille.

CLXVIII.
Realia

Un jet de fronde assomme un vieux montreur de doigt.
Coupant du carré l'angle équilibré bien droit,
Le bélier accède à la fontaine éternelle,
Soudain pas vacillant accroupi sur le toit.
Cependant que le chef des axiomes donnés
Végète ataraxique, ornant sa fontanelle
De pavots plus luxuriants que des lauriers
Arabesques, son bras d'un sabre fin divise
La flotte sommeillant des neutrons amarrés.
Sa bonté flûte enfin de ses airs chamarrés,
Mièvre émancipée par Bastet, la chatte exquise.
Ballottée la baisant par à-coups, -ce radeau
De la désertion des nostalgies incomprise !-
La tortue à la plage aspire à ras de l'eau,
A la plage écumée sur blanc paradisiaque
D'une frange verte à peine d'eau qui la laque.
Autrement que de face avance à pas chassés
Et manieur de la règle, au quart de l'être vise
L'odieux régulateur des vertiges passés.
En sa main s'écoulant sur le sable devise
Avec Sevekh en gavial un bouc cynodonte
La lune laissant sur son front reposer d'aise

Les Révélations d'Awalhdouateden

Telle à son creux qui flotte d'un globe la fonte
Dont la substance pure en lévitation pèse.

CLXIX.
La Vierge bleue

Les constellations du sous-sol minéral
Par des grottes d'antimoine, en éclats de gemmes
Font échos à l'Ame du Monde sidéral.
Majestueuse dame éclose entre les mêmes
Pyramides nubiennes, elle hoche une branche
De laurier semblant battre les cycles cosmiques.
Dessus le lin parée de sa tunique blanche,
Triple, un spectre varie de couleurs prophétiques.

CLXX.

Ma Forêt de Décombres

Solitaire orphelin, l'autre aspire à un tiers,
Complétude au terme existentiel de l'angoisse,
Jusqu'à ce que le cadre en bloc de feu se froisse,
Ajouté décuplant sa dimension d'éthers
Figurant un humain couple divinisé.
Si l'intermédiaire ici de l'an ajusté
D'or de l'obélisque au faîte irisé s'enflamme
Dans le demi-jour teint d'un ambigu été,
Cyan complémentaire à la pourpre jaunie,
Une jouissance inconnue imprègne la trame
Où se démentit la réalité amie.
Sympathisant avec les étoiles en lien
Et par son reflet inversé mis en abyme,
Se redresse *a contrario* le petit sublime.
Le fossoyeur creuse un tertre, à tête de chien,
Dessous un dais de palme au parage éponyme
-Reniant la négation de Raoul de Gisy
Comme un baiser rognant vermoulu le coutil,
A la berge écrasée d'un marigot transi
Pour de l'anneau céleste immoler le grésil
De vibrations dont le fronton se construit
D'une marche infrabasse au fixe ralenti,
D'une cité crocodilienne affreux outil-,

Les Révélations d'Awalhdouateden

Nécessité au cube terrestre aplani.
Avril d'Aphrodite à l'innocence abruti,
L'agneau identique à un serpent de métal
Engendré de Pan, le Dragon fondamental,
Noue le flambeur de son arbre pyramidal.
Mais inscrit dans le grand Delta qui se retourne
Présent dans tout, de l'Ogdoade où il séjourne,
Resplendit, flamboyant, le porteur du Graal.

CLXXI.
Transmission

Le Solitaire à plat, philosophe cathare,
Hors cale, en bourg le Loup enfin,
Avec un ineffable entrain,
Obtint de qui ôte au pur contemplant sa tare
Le droit de se taire. Illusion
Succédant à la subite illumination,
Fidèle d'amour, au Temple de Salomon,
Survient du sang l'inévitable rédemption.
Au sol long, d'un plateau servi,
Le Mage de Provence à qui ose le dit !
Car ainsi est le vin d'un corps brutalisé
Par le triste retour d'Orphée représenté.
Or sa femme il partait chercher ;
Et donc, imaginez le devin nouveau-né.

CLXXII.
Niché

Sous la lune qui se reflète,
Par le vieux ruisseau, interdite,
En une clairière secrète,
Rentrant dans son terrier, m'invite
L'habitant d'une pierre creuse.
Un petit gnome luisant
Rougeoie dans l'ombre vaporeuse
Au multiple scintillement
Comme un brasier trouble qui couve
Dans les épines de sapins,
Qui sombrement secoue leurs brins
Pour que l'air silencieux s'y trouve.

CLXXIII.
Thomisme

Tel un olivier patient pousse et multiplie
Sur un mont de son nombre d'or la prophétie,
Le petit loup du septentrion, vigne sauvage,
Court et dévore murs, plafonds, brise un vitrage,
Agent de la ruine au village abandonné.
Dans la vapeur des sables du Delta du Nil,
Habitat favori de la divinité ;
Par les sinueux carrefours secrets du Brésil ;
Dans les brumeux quartiers de l'ancienne Tchéquie
Où l'ombre de Mozart, du savant et du mage
Etudient avec amertume l'alchimie
Où l'effusion de la jeunesse florissante
En un superbe épanouissement sans âge
De ses pulsions imprévisibles reverdit,
L'âme abonde. Et vagabondant, son éclair rit
Quand se confondent enfin le roc et la plante
Dessus l'ogive ciselée qu'un fantôme hante
Comme un songe acanthé de granit sous l'orage.

CLXXIV.
Miracle

L'air dépressif crissant de brise s'électrise.
Ramage verdoyant aux fiers andouillers,
S'émeut du fond des temps l'esprit des coudriers,
Frisson sauvage où court la rumeur de sa crise.
Il semble que dans le grand Tout se manifeste
L'exception confirmée du Chaos par un geste.
Le Dragon étincelant à travers le noir
De la nuit éternelle foudroie de sa verge,
Fécondation femelle, au cœur d'un croissant vierge
Sur son front scintillant les cornes du pouvoir.

CLXXV.
Le Philanthrope

Ressembler à Schopenhauer
Lorsque l'on baisse son nez fier,
Ce n'est pas une mince affaire !
Qu'on se le pince à ce mystère :
Dedans de mon cas m'indiffère.

Les Révélations d'Awalhdouateden

CLXXVI.
Descendance ignorée

D'humains, certains sont d'écailleux
Dromaiides bossés, émeus
Poilus d'ongles escogriffés !
Crocodiles ébouriffés
Comme des bêtisiers caudaux.
Codifiant leurs devins mots,
En de divines persuasions
Envolés, bien loin, nous irions.

CLXXVII.
Chorégies

1.
La Gueule de Léviathan

Hermès, le cri des forts,
Joue de sa lyre orphique
Avec Sagesse et Art,

Les Révélations d'Awalhdouateden

Quand, reniant leurs efforts,
Succombe à la panique
Un scorpion trop tard.

Damant le pion du temple,
Cet infaillible exemple
Se raye d'un vair ample.

2.
Le Songe du Serpent-Bouc

Qui a rêvé qu'il a perdu
L'étreinte qu'il venait d'atteindre
En imagination, s'éteindre
Voit son paradis morfondu.
Le phosphorescent florilège

Soudain s'est recroquevillé.
Dans la ténèbre sacrilège
D'un obscur monde parallèle,
Le voilà tel paralysé
L'amoureux qui s'est retourné.

3.

La Cage des Fous

En cette prison de fous,
Le sage erre paisiblement
Avec pour tout sentiment
Un désir ardent à genoux
Brandissant la trêve du glaive,
Or que son périsprit se lève.
Sur ce, bonne nuit à tous.

CLXXVIII.

Le Matamore

Face à quelque mauvais esprits,
L'encens suffira, c'est un fait.
Naît l'autiste des fiers aigris,
Un sang étranger, en effet,
Saturé ; c'est moi, va encor.
Tant qu'on y est, matons la mort !
Mais quand le Grand se manifeste,
Nécessité fera le reste.

Les Révélations d'Awalhdouateden

CLXXIX.
Déséquilibre négligeable

Dans tous les bruits désagréables de la vie,
Sourd en s'assemblant l'harmonie de l'univers,
Manquant soixante-quatrième d'un œil tiers
Ajouté à soi tant, reflet de son envie.

Avec le bon géant, ripaillant qu'on en rie
A foison, et faisant bombance, et gausse envers
Ce qui de nos espérances donc naît l'envers !
Et part faisons, de qui don de son espoir nie

Assez pour en sa transe infrangible accéder
A l'immobilité où rien n'est annulé.
Rouant de la Fortune girant l'arc solaire,

Un petit dieu vert accroupi régit la Terre
Avec un air narquois de babouin s'amusant
D'éclairs sur ces chairs embrasées étincelant.

CLXXX.
L'Indéfini

Des nappes, reflet d'un marais mercuriel,
Hélios irisait ses larmes vaporisées,
Dragon qu'argente un halo de lueurs cendrées

Muant d'un ondoyant prisme d'arc en ciel.
Le champignon atomisé se développe,
Dans le lointain tamisé, suspensions laiteuses,

De ce jardin baigné de moiteurs sulfureuses.
Ardent, un fruit nait de ce ramage héliotrope.
Et cependant que sur son char delphinien,

L'éphèbe au front de lumière que les lauriers
De ses tempes filtrent vert, tels des andouillers
Se fond de son troisième œil le regard serein.

CLXXXI.

L'Oudjat crevé

A peine cuivré, tel mi-clos, d'un masque d'or
S'inspirant au nonchaloir né de la sagesse,
Souriant, énigmatique, ainsi sa jeune altesse,
S'ouvre en miroir un Livre des Morts à qui dort.

Perçant à travers les plans où il papillote,
Palpitent comme un cœur vert transpercé qui s'ancre,
En des cités englouties dont l'air se concentre,
L'hologramme, ères superposées ou marotte ?

Voilés d'un signe persan, d'Isis les bras vastes
Pour égarer bien loin les amoureux de fastes.
Mais le nombre croissant divise, encor, mystique

La mystification par Méhiel transcendée,
Ange entre tous de la lumière accouplée,
A goûter au miel de sa métaphysique.

CLXXXII.
Exosquelette

Explosant par des cavernes spirituelles
En détroits azurés de reptations nouvelles,
Se révèlent des boyaux, carcasse en Jonas
Implosée ainsi qu'un trou bleu des Bahamas !
Tel un Aokigahara intérieur
Echevelé d'arbres, torses et de vapeur,
Venin de piques acérées de chélicères
Emplissant leurs formes d'incertains cimeterres,
L'imagination où son âme progresse
Découvre des paysages tels d'une ogresse
Les tubes spéculatifs, palais fantastique !
Vallée se rétrécissant, au fond d'une crique
Extirpés de cette radula palpitante
Dont sourd en craquant la merveilleuse épouvante,
Rétrospectivement rampant en langue inverse
Parmi quelque lueur aboutissant, qui perce,
Par un passage inextricable et sans retour,
Reposent les débattements de cet amour.

CLXXXIII.
Les Deux Coupes

Double chambre au quintuple lobe inversement
Superposé, la rosace, du firmament
Fleurit en le cercle. Or, passage coulissant,
Se découvre une fresque en allée dérobée.
De la matrice funéraire alimentée
Par la voix d'esprits élémentaux décantée,
Flamboie au goulot du vase transmutatoire
Le jaillissement d'un abîme transitoire
Matérialisé dans les reflux de l'écume
Qui d'un vieux titan soufflent la flûte qui fume.

CLXXXIV.
Les Halieutiques de Delphes

Dans les couloirs d'un temple où les dauphins s'ébattent,
Qui donne sur la mer d'un bleu vésuvien
Pénétré par le ciel rose aux moiteurs timides
Qu'arrosent caverneux leurs rires qui éclatent,
Deux sirènes hybrides, montées du bassin,
S'enlaçant guident parmi ces canaux limpides
L'étranger que caresse un ballet chimérique.
Il s'abandonne au son de trompes et de conques,
Etranges, comme émanées d'invisibles jonques !
Et porté par ces flots en leur grotte aquatique,
Nageant tel un centaure, l'autre explorateur
Contemple des dieux philistins sous cette crique
Que balaie sa mémoire en un éveil trompeur.

CLXXXV.
La Goétie des Accrochés

Par l'occulte raison d'un pouvoir concentrique,
Se mélange expulsée si loin l'implosion,
En roue d'étincèles arrosant l'identique,
Dans le souffle du Dragon girant symétrique.
Mais, nécessité de la momification,
Afin d'exister, niant la putréfaction,
Au-delà des portails d'airain cornés de bique !
Crochets venimeux instillant l'illusion
Simultanément de sept têtes, vampirique ;
Meurt en s'incarnant la manifestation.
Naissance à la panique d'un serpent cyclique,
Crie l'unique Tout de l'individuation.

CLXXXVI.
Adam Kadmon

De l'idole à l'envers d'un feu divinisé,
L'Eternel Initié, fait chair pour élever
Deux sur dix-milles, et un seul sûr d'un millier,

Se retourne en l'image humaine inachevée.
Tel aime. Et vas-t-en par l'ardeur pure enlevée
D'un Verbe au tiers des étoiles abandonnée.

CLXXXVII.
C'est le Jeu

Y a au fond des vapeurs d'un volcan d'Oubli,
Airs de joies éclatées en feux artificiels
Sur des mers en création, rêves irréels,
Sept cascades en chaudron de pierre. Ennobli,
Ondoie et reluit le secret essentiel
Qui ploie, souffrant, d'un minerai mercuriel !
Encastrés dans ce triangle révélateur,
Implosent en un tunnel, de cœur noir en pique
Fonçant, rouge dissolution qui se complique,
Les naissances maculées d'un éclair vainqueur.

CLXXXVIII.
Per Versus

Respirant des parfums, baiser cérémoniel,
De myrrhe, et de jasmin, et de camphre mêlés,
La chouette de la nuit ouvre des bras de miel
Tels dessous un buisson qliphotique enlacés.

Ses yeux, rousses fées ! pénétrants d'obscurité,
Dont la rondeur rayonnée de cils noirs charment
Même les légions des cieux qui à l'orient s'arment,
Décillent d'un sommeil empli de volupté

Qui la désire au fond de ce reflet d'abîme
Où se développe auréolé d'une éclipse
La fin de l'automne en chevelure sublime,

Infime réseau de flammes en nerfs de gypse !
Mais, levée par un vent de perverses suppliques,
L'autre Eve bascule en ces nuages magnétiques.

CLXXXIX.
Renaissance de Phœbé

Aurore épousant la palingénésie diurne,
En nœud lunaire sud mue le serpent par cycles
Ainsi que pour faire à Panurge des bésicles !
Diane, embrassant par loi la rune de Saturne
Aux cornes de zébu d'un liseron pamprée,
De leur lutte éternelle parfois enfantée,
Résout le rébus tel qu'un boa au soleil.
Partant dessous cette jambe en lotus s'affrontent,
Semblant les cordes d'un luth tremblant, qui remontent
Les racines de l'Arbre au savoir nonpareil.
Et pourtant, deçà, renaît d'un éclat vermeil
La Lune, à part célébrant son nocturne éveil.

CXC.
Les Orbites

L'expansion de tout devenir en soi gravite
Comme un trompe-l'œil intérieur de cataclysme
Dont s'exerce à rebours le vivant magnétisme.
Le firmament primordial, en chaîne spirite,

Cohésion du chaos aux tumultes divine,
D'un siphon géométrique aspire les triples.
Vois l'univers en l'infini de ses multiples
Par évolution créer son origine.

CXCI.
Parousie

Les choses, invisible, inversement s'achèvent,
A l'image du lion des eaux primordiales
Avançant par métamorphoses animales,
Comme un Ashwatha dont les racines s'élèvent
De l'Hydre qui se dresse en son Delta de feu.
Ecoulant son télesme ainsi qu'un venin bleu,
Il semble à se glorifier dans la matière,
Pour s'assembler au divin, être son contraire.

CXCII.
Triangle d'Or

La foi, c'est pour l'Un ; le doute, pour l'Autre !
Tel de jaune vêtu le noir apôtre,
Au lieu de choisir : la voie du plaisir
Ou la voix des vôtres, jusqu'au martyr.
Mais l'innocent agneau, une fois mûr,
Arbore les bois de son père obscur.
Ce lieu où se croise, ambiguë, la route
Or que sa pupille attentive écoute
Qui comme un tril qui ralentit hésite
Plonge l'Hermite en la porte interdite.

CXCIII.
Le Sablier de Saturne

Glissé du zénith subtil d'un plomb vertébral,
L'unique aux quartiers de Mars plongé vertical
Vers l'occident de l'amour veut nue sa naissance.
Le retour du serpent au cœur de connaissance
Du signe croisé de la pierre cubique
Le chemin contraire invisiblement implique.

Les Révélations d'Awalhdouateden

Le démon treizième, un versé de six-cents-seize,
Qui émerge, léonin, à son origine
Du double primitif au quintuple androgyne,
Fait qu'ici soit Seth. Zinc est d'eux tout à son aise !

Et l'éon inversé dont le Delta remonte,
Ce Judas tant maudit condamné par la honte,
De marelle en un saut s'unifie au cinquième,
Celui du Chrêstos initié d'après lui-même.
De la mâle latitude au tiers transmuté,
Apis accède aux cornes d'Hermès couronné !

La division première, axiome à l'existence,
Chute accidentelle en silence égalisée,
A sa colonne utérine additionnée
Revient, en soi pour accomplir son essence.

CXCIV.
Al-zahr

Dans un dédale noir, les sages Hiérophantes,
Suivant la trace au soir des mages d'épouvantes,
Ont profané parfois un sanctuaire ovoïde.
Dans le naos étoilé de cet arachnide,
On rencontre un Triomphe étrangement trapu :
« Fuis-moi, je te suis… », seulement pour qui l'a vu.
Descendra seul dessous de Vénus le gisant
Quand s'alignera sur son échiquier girant,
Ainsi la table résolvant de ce Grand Art,
L'astrolabe, et dame avant qu'il ne soit trop tard.

CXCV.

Les Frères ennemis

Descendant à la pointe inférieure s'élève
Le troisième fils à l'exemple du dernier.
Le traître d'Osiris qui roule son denier,
Un Seth répond à l'autre et ce discours s'achève.
Alvéole enchantée de la fée Mélusine,
Ou pôle orbital de la structure divine
Où s'envolent en un lac de Pan les sanglots,
Tel Saint François de Paule marchant sur les flots,
La folle tournoie, danse, effleurant le ménisque
Reproduisant de son œil révulsé le disque
En une sphère à facettes internement,
Pour lui-même, en soi ses épées de feux croisant.
Mais, la corne à l'horizon d'un croissant mystique
Alignant, Vénus en pleurs triomphe, ironique.
En ce tournoi d'entre le bouc et le serpent,
Le triangle réunit ce qui est épars
Et répand à l'infini sa mise en abyme
De la rose irisant l'unité qui s'anime
Comme une pluie céleste de soleils blafards.

Les Révélations d'Awalhdouateden

CXCVI.
Le Boulet

Sur le Capitole ombrageux qu'il visita,
Le premier, c'est bien lui, d'un avenir lointain
Aux vestiges ombreux cria vers Nôréa !
Si l'on y voit souvent un portier malsain,
Maison-Dieu foudroyée, l'autre Tour de Babel-
Car nul n'entre au bastion s'il n'y était déjà.-
S'enrobe de cet esprit d'éclairs bleus ciel.
Quand s'ouvrant, le portail à nouveau, entre çà,
N'était passe-muré que vu de l'au-delà.

CXCVII.
Recréation spontanée

De l'égrégore universel cristallisé,
Des révélations construisant le passé
S'agrège à son sel du devenir l'embryon.
L'Arcane a son énigme, entière à l'œil du lynx ;
Littérale et vivante, animée en le sphinx.
Suivant son pas griffu, imitant le Dragon
Sur des sables mouvants, qui s'enroule à sa chaîne,
Progressivement, par la divination
Du divin mouvement, devenir autogène.

Les Révélations d'Awalhdouateden

CXCVIII.
Le Cœur voyant

Ainsi roulant la pierre à Jacob sans échelle,
Amusement secret de la vierge harranite
Qu'une tentation cruelle et secrète habite,
Se dessine en la nuit sa petite prunelle.

Fée adorable qui veut dévorer mon cœur !
Griffant sa chimère aux tribades mandarines,
Tribu assoiffée d'aquatiques Anandrynes.
Fais-donc tien ce fruit qui pour toi n'est que douceur.

Et tiens-le délicatement dans les froideurs,
Cage en se fermant qui deviendrait assassine,
Dans ces couteaux comme un gâteau de gélatine !
Au creux de ta main jetant les rouges lueurs

D'un crépuscule affreux à Jacob sans échelle,
Amusement secret de la vierge harranite
Qu'une tentation cruelle et secrète habite,
Dessinant dans la nuit sa petite prunelle.

Les Révélations d'Awalhdouateden

CXCIX.
Sympathie des Fous-Morts

D'un tunnel onirique aux vitres espacées
Comme d'un aquarium les réguliers rectangles,
En un cheminement de gondoles passées
Parmi de longs canaux qui tremblent à leurs sangles,
Garde-fous pour les étranglements d'autres langues,
Visitons de ces hologrammes bleus les angles.
A l'arête invertébrée, t'embarquant, tu tangues ;
C'est le cheminement, tour d'un manège étrange
Au rail parallèle… Ou bien des âmes l'échange.

CC.
Finir par avoir été

A force d'accumuler un stéréotype,
Le passé se nourrit autour de ce squelette
Comme une chair qui se recompose et s'agrippe.
A pas comptés fuit, serein, le coureur à bourse,
Course d'un alphabet céleste interprétée.
Au fond de notre esprit, l'ancien djinn se répète
D'une illusion chimique aux cerveaux injectée,
Et prend forme par ce qui même était sa source.

Les Révélations d'Awalhdouateden

CCI.
L'Archange

En un halo mauve, elle veille au sol
Où grouille des vivants le vain tourisme,
Ange femelle abattue en plein vol
Imprimant la *jettatura* de son strabisme.
Tel d'un flux de chair mouvant de lumière noire,
Sur cet abîme inspiré se penche la Gloire.
Par le mandala de ce mauvais œil,
La palissadée célèbre son propre deuil ;
D'un coup de trompète au raisonnement puissant
Qu'hypnotise son reflet pâlissant.

CCII.

La Droite Route

Dans une forêt d'eucalyptus, en Galice,
Dont les esprits mêlés évoquent la réglisse,
L'âme du vieux loup vague à travers les parfums
D'un égarement bref. Arrêtant les errances,
Un picotement très lointain, monté d'embruns
Emprisonnés par la voûte où il porte offenses,
Au caprice des brises captive, s'enferme.
Et c'est avec un fourvoiement de pied ferme
Esquivé des bruits d'herbe aux landes preusement
Que nous tentons l'essai d'un autre égarement.

CCIII.

Villes à venir

Clartés futures, habitées par les Eoles !
Des cités évidées comme les alvéoles
D'une ruche, oint désert post-apocalyptique.
Majesté des places aux chairs monumentales
Immortalisées, termitière squelettique.
Rien que les vestiges de l'art, forêts glaciales !
Et, pour l'iriser, l'aube perçant pathétique.

Les Révélations d'Awalhdouateden

CCIV.
Le Miroir d'Isis

Trône avançant dans la simultanéité,
Il prend ses dimensions, de la sérénité.
De celle qui le contemple, un être la cause,
Pénétrant dessous les arcs de la porte close.
Sur le seuil, comme un valet, le gardien noir veille.
Des songes, vague, il rode une déesse abeille,
Dont le démiurgique hologramme, où reflétées
Dans les profondeurs de cascades argentées
Entre un, se précipite aux limbes de merveille.

CCV.
L'Enigme

Embrassant les moissons de la fertilité,
Puisés des laits profonds de la maternité,
Prêtresse-mélissaï des pavots, Déméter,
Butina sa servante endormie en enfer.
Et maladroitement, forçant le barbelé
Du pâturage des morts, parut Nicippé.
Chancelante au soleil éclaté du levant,
Tenant la clef, la fleur, les pampres, en avant
S'engouffra celle qui défendait la défriche
De son bois sacré dans leurs feux telle une biche.

CCVI.
Le Cœur à sept faces

De jardins de délices tout orientaux
Dont se galbent de filles-fleurs les sortilèges
En mille sortes de lys blancs comme les neiges,
Les brumes étincèlent, emplies d'animaux
Trop paisibles, troublants, majestueux et beaux !
Par le coupable fer de la nécessité
Foudroyant tel Klingsohr, le barde ensorceleur,
Sanglant le côté enfantant d'un Roi pêcheur,
Se révèle ainsi le premier Homme blessé,
Sous la forme d'un serpent s'airain crucifié.
L'accomplissement sous sa main pulvérisé
De l'évolution, comme un déclin romantique,
Lève en le ciel d'or un voile chiromantique.
Des Maîtres Invisibles mue l'enseignement,
Quand ils disent que les Mages autrefois morts
Ont fui silencieusement quittant leurs corps
Sous d'autres cieux niant l'essor de l'accouplement.

CCVII.
Le Faux Prophète

Près d'un arbre haut soudain, séculaire une brise
Soulève en un frisson la trop blanche chemise.
Embrun de tilleul violant son cœur de biche,
Cette odeur arrachant un soupir qui ne triche
S'abat tel du sieur Tristram l'arc qui ne faut.
Celte ignorant du sabbat, l'hermite nouveau,
Des mauvaises volontés Golem qui se trame,
Sur la branche une hermine visait de sa lame.
En bas, le sol de boue l'assure dans sa chute
Mollement épousée en leur descente abrupte.

CCVIII.

Carte des Ages

Château de lignes de briques babyloniennes
En un langage inconnu régulièrement
De bleu turquoise émaillées, par leurs persiennes
Se cache une signature imprévue souvent.
Entre mener à terme l'abomination
Et abréger le parcours d'une évolution.
En des coulisses de passe-passe passant
Par des passages secrets coulissant, s'écrase
Le troisième œil dont la vue baisse par l'extase
Qui baise le sabot d'un griffon glapissant.

CCIX.

Le Septénaire

Permuté d'une chute originelle
Du vortex d'un cyclone l'évitant,
L'œil de cyclope émerge en bouillonnant.
Par l'axe, étranglement de sa prunelle,
De cette gueule, entrée de Léviathan,
Il pénètre aux enfers en lévitant ;
Car le seuil opposé se mire en elle.

Les Révélations d'Awalhdouateden

CCX. Habuhiah

Ange femelle à mon âme toujours veillant,
Vois ton pupille indigne au rebours de tes vœux
Chanter pour ton nom et ta forme, s'ils sont deux.
Garante où patiente un idéal sommeillant,
Mes outrages ne sont que l'amour d'un enfant
Sous la pupille en paix d'un être bienheureux.
Par l'aboutissement de blasphèmes affreux,
Sans le savoir à cause, nous serons, vaillant !

CCXI. La Pierre des Druides

Cœur d'un nœud d'aspics, creux en son centre, luit
L'*Ovum anguinum* jaspé, fil d'écume verte.
Lanterne de dragon qui sur soi s'empelote,
Une licorne en nue cendrée rue dans la nuit.
Et regrettant d'un sigil naturel la perte,
Sa lascivité s'enlace, hydre polyglotte
Tel, d'arêtes hérissées, le fond d'une grotte.

Les Révélations d'Awalhdouateden

CCXII.

Zagreus

Fille insouciante contre, à talon du muret,
D'un temple à peu près au tiers de la nef buttant,
Le champ magnétique arque difficilement
Où il passe en se courbant, son pas de furet.
Cependant que son double court contre le temps,
Portant un voile dessus la nuit de serpents
Qu'une nuée céleste embrase d'étincèles,
S'achève encornée au sommet d'un caducée
Celte angle, la chrysalide autogénérée.
En ces brumes élancées, sauf, tu t'ensorcèles.

CCXIII.

La Mue des Ases

Idunn, fée du printemps, cueille des pommes d'or
A l'Ashvatta séculaire aux cycles cosmiques,
Et donne à l'astre ancien un remède à sa mort.
Or, parmi le secret des arcanes chymiques,
S'enroule et revient par un chemin détourné
Johrmungand le dragon sur l'arbre d'Abracax.
Par un signe, à la rose axe superposé,
Le prisme est transmué de ses crocs de borax.

Les Révélations d'Awalhdouateden

CCXIV.
Le Retour du Souten-Rev

Gouverneur d'Ethiopie

Sophie à genoux, va de rebours Satanas
Abjurant un ancien insectivore alias,
Khâgneuse théorie d'un vivant, Baphomet.
Les deux mains posées sur son front, le paraclet
Assène ses vertus aux pensées d'Adamas :
¡ *Solo va el caballero además* !

CCXV.
Incarnation du Verbe

Génitrice émanant des doubles répudiée
Par leurs verseaux siamois aux tiers retournée,
Sur le sable, armée de sept chefs, elle en tranche une.
Décapitée, Méduse se solidifie
De ses cheveux dont l'œuf de serpent ramifie
Leur tête minuscule simplifié, dune
Où se dresse un vent qui forme son corps sans vie.

Main de Gloire où s'unifie la bénédiction
En haut comme en bas, tel un vol de papillon,
Créatrice à un iota de plus ou non.

CCXVI.
Prélude enflammé

La stase du cobra n'a rien moins de sage ès
Immobilités d'Isis, la déesse ardant
Le subtil *pharmakon*, sain poison, sous sa dent !
Sifflet préludant l'*anakrousis* d'Orestès,
Du Serpent s'évide, au souffle anéantissant
Que son soufflet vite ouvre en renouvellement.
Des nuits voie royale entrebâillée,
S'aventure la félonie *à ban donnée*
S'attisant de sa conséquence, ire ignorée.

CCXVII.

Gourmands

De mises en marotte,
Des dieux hybrides l'ordre
Se répercute et trotte
Parfois jusques à mordre.
Au trait de Mars jà d'ores,
Agrégats d'égrégores,
Djinns quintés de l'éon
Du Treizième Démon,
Fils des reptations,
Viennent, et dévotions,
Rampant comme imbriqués
Des brigands impliqués,
Bricons louches et gouges.
De quelque barbare âge,
Par mille souterrains
Murés de briques rouges,
Un peuple nécrophage
De vampires canins
Dessous les rues, en crue,
Parmi vous évolue.

CCXVIII.

Accordéon mystique

Comme un Delta sans œil dans lequel encastré
S'inverse son image, androgyne incarné,
Contraire, il parfait en matérialisation
De sa passion l'inextinguible perfection.
Et de pyramide infiniment abîmée,
Le pentacle s'aplatit en cube où, convexe,
Se croise implosant de sa structure complexe
La merkaba tel un origami. Orée
Limpide et architecturalement opaque,
Toute cette excroissance se replie en claque.

CCXIX.
La Résurrection de la Chair

Du centre orbital inscrit en ses enveloppes
Comme une sphère aux triples astres qui gravitent
Et jusques à former un septuor s'évitent,
De l'incarnation s'harmonisent les syncopes.
Un enchevêtrement de soies génératrices,
Pour revenir à soi mêlant leurs cheveux d'Ange,
Semble une cascade aux couleurs, qui s'inter-change,
La tressant d'entre les serpentements complices
D'un nœud druidique arborant ses bois de dracule
Dont l'hydre en un songe aborigène circule.
Et par ce décalage, vieux corps d'Archimède,
Est réorganisée la multiplication
D'une complexe et décadente élection
Où naît à l'autre espèce, insondable intermède,
Le peuple refondu de l'éon qui succède.

CCXX.
Electrocution

Nirvanas perdus, Sire ! aspirations d'étreintes
Inspirées par les frimas bleus aussi profonds
Que des sanglots de nuées profanes enceintes !
De flibustes sans cri, limpides intrusions
Des errants des raisons aux limbes de l'effroi !
Aux lampes lacustres essoufflées en la cale
D'une nef aux douloureuses influxions,
La passion se promène en tous sens et se croit
Sur les parois courbées d'une noix, chair fractale,
Dont circulent à l'envers les impulsions,
Comme un ver dans son cerveau nervé d'arcs recroît.

CCXXI.

Polarités

En une forêt vierge embaumée de pinol
Où, sableuse mangrove, à travers la fumée
De la sylve charnelle ainsi d'ambre embrumée,
Solennellement grave éclot, surgie du sol,

L'ogive intemporelle, oint, un soir cévenol
Se souvient à moitié de sa prime contrée.
Comme un Eden fleuri de rose desséchée,
L'air semble porter la seule harmonie d'un sol

Qui chante dans la nuit son avatar mineur.
Et cependant que la majesté d'art en chœur
Tonne d'un orage sec et flûté de grives,

Dans le reflet orange aux langueurs primitives,
Des largesses épuisées le silence aimant
Rejoint d'ardents flocons l'extase au firmament.

CCXXII.

Ressortissant

Le plan de Seth au carré se replie en cube
Synthétisant ses couleurs astrales qu'un tube
Harmonise où pétoncle ubéral tors l'incube.
D'un bois viril abondant l'autre conque impaires
Le versant croise un tiers de ses croissants lunaires.
Vénus, diaprée d'un manteau d'argent et de cuivre,
Comme à travers ce tourbillon ressortant, guivre
Dont il tombe étourdi avant que de la suivre
Remonte de la mer dessus un nœud de bêtes,
Janus au troisième œil vrillé, spire frontale,
D'un seul cou trivial d'une licorne à deux têtes
Qui coince un aventurier en son dédale.

CCXXIII.
Gretchen Frage

Veux-tu connaître enfin la chose universelle
Et détenir les clefs de ton propre destin ?
Ainsi parle un génie au voyeur clandestin,
Voyageur de soi-même et qui soi s'ensorcèle.

Le valet statique attend, immobile harcèle
Ce valseur qui avance et recule, incertain
Comme en une danse au sommet d'un tambourin,
Brimbalant fou quelque infernale ritournelle,

Que fait tourner un saltimbanque à son index.
De flammèches crépitant, disque de silex,
Le mas vitriolé confond ses briques brutes

Semblant le mât d'un voilier à la dérive.
Et aux râles criards d'intolérables flûtes
Par symétrie le délire à son Mat se rive.

CCXXIV.
Stigmates

La Pierre de l'Œuvre

Croix d'Amon où les sept planètes intercèdent,
Mars au-dessus d'un Mercure cyclopéen
Epaule un cornu crucifié par en bas.
Pleure une monade où amplifiées se succèdent,
Décantées les bizarreries plues de l'étain,
Dans ce bain glacial tombant, demi-cœur las,
Jusqu'en la goutte d'un plomb pur dessus sa main.

CCXXV.
Retour sur soi

Tels de myosotis, qui s'offre le quintessent
Au grégaire où il souffre et songe l'*eidolon*,
D'aquatiques flambées de grégeois les ampleurs,
L'agrégat pulvérise, insidieusement
En beauté inconnue, ainsi des yeux d'Amon
Le mercure au soufre s'alliant de leurs pleurs.

Les Révélations d'Awalhdouateden

Autel hospitalier aux fureurs, cependant
De la foudre évaporée qui frappe et qui tonne
Au sol mouvant de brume ondoie l'étrange ardeur.
Tandis que l'environnement, de cette odeur
Où l'ambroisie se mêle à la poudre s'étonne,
L'œil s'imprime, en le ciel, comme ébloui de stupeur.

Et l'image essaimée au fil de sa paupière
Epand vers l'infini son prisme rouge et jaune
Cependant que l'observateur sombre, ô lumière !
Dedans les seuils alvéolés, astral trigone
D'une spirale aux Sphères pythagoriciennes,
En un dédale aux pythons ailés d'arcs d'arènes.

Parmi le sanctuaire aux gothiques allures,
Plus loin toujours s'aventure, entre à perdre haleine
Et prendre son envol matériel et physique
Sublimé en un essor vaste et magnifique,
L'Illuminé qui entre ainsi qu'une phalène
Sur le vierge échiquier de ces vaines voilures.

Les Révélations d'Awalhdouateden

Car s'il pénètre en l'antre consacré des murs
Où se tient immobile et fuyant son reflet
Le gardien inutile de ces pensers mûrs,
Trône, replet, l'Eveilleur en son drap de cuivre.
O treille en lueur émanée d'une trompe ivre,
Délie l'orgueil de ton démonologue orvet !

Adorare alteram bestiam fecit :
En une allégorie que suggéra Platon,
Mais littéralement, au septuple Dragon,
L'âme revient à son essence et tel un huit
Parcourt les escaliers à travers les cinq portes
De l'infini dont les cours, désertes et mortes,
Se joignent en spirale où l'ultime s'ensuit

Au seuil de la première. Et quand de la Nuit,
Ineffable splendeur aux mystiques cohortes,
S'ouvre l'ogive infranchissable, il s'en retourne
Où des dieux omniscients le panthéon séjourne,
Et l'éon sans désir ni vouloir à l'Idée
Se confond, silencieux, où elle était née.

CCXXVI.
Soufflet d'Assyrie

Vitriol vivifiant par sa froideur tenace
Qui souffle en souffrant l'inconnu tétanisé,
Mars bannit de son flot rougeoyant de glace
Quelque château de miroirs bleu cristallisé.

L'acide sulfurique ourle onctueusement
Comme un volcan surgi qui crépite et se fond
D'une coulée coagulée sur l'océan.
Mais de ce rift vitrifiant le roulement blond,

Mêle sa rousseur au sinople des abysses.
Des profondeurs mathématiquement supplices,
Bassement trouble aux teintes matée de vermuth,

Calebasse tel d'or, le brassin de bismuth
Maté permute à l'échiquier vernaculaire
D'un écho chromatique enflant ce planisphère.

CCXXVII.
Deus in Quatuor

De l'un en reflet doublé le patron se croise,
Canevas que tisse Yaldabaôth sur sa toise,
Du septénaire en six par le tiers accouplé.
Tel un arbre à l'envers dont les bronches se joignent,
Barbélô s'unit en l'âme à la Trinité.
Pour se retrouver toujours leur branchage éloignent

Les approfondissements de la conscience
Qui se contemple ainsi la divine sapience
D'un ouroboros dont les ramifications,
Enrichies par les fruits mûrs de la Connaissance,
S'unissent à nouveau dans ces réflexions.

La structure en abyme emplit un prisme égal
Au monde condensé dans les vertes facettes,
Où une main mythique inspirant des tablettes
Grava le secret de son élixir martial.

Chemin perdu, des vérités le clair contour
Scintille et miroite en le puits de cette tour.
Le grain de sable, géométrie d'or, s'échoue

Les Révélations d'Awalhdouateden

Sur les plages parées de lapis-lazulis
Cependant que s'y mélange un sinople gris,

Crépusculaire aux mauvoiements de la mer floue.

CCXXVIII.
L'Instrument maléfique

Siégeant en Isis, le Roi-Faucon inspiré
De Bes rit avec une extrême gravité.
Et tout de go que dans le Chrême renversé

Du dodécaèdre duquel tel ivre il joue,
Son divin équilibre, arc en ciel, fait la roue,
Bouleversant l'orbe en une jalouse moue.

Or que pomme scindée d'une étoile mystique
L'humain se reconnaît au lac de sa panique,
Il s'abîme encor dans sa destinée tragique.

CCXXIX.
Marotte xylotrupe

Contrastes en coupe sombre et claire excentrées,
Les rayons qu'encercle un cerceau qu'elle ensorcèle
Se joignent au centre de cette citadelle.
Agneau sacrifié d'Artémis aux Atrées,
Descend l'hermaphrodite où la divine Erope
D'une sale bête avec sa manie écope
La barque tel sur le Nil enlevée Europe.

CCXXX.
Le Joueur de Roulette

D'un rouge et noir scrutant, tant la rotation
Dont se renverse l'œil borgne, un fashionable
Contemple, pensif penchant la malversation
Avec d'un Pythagoricien l'air raisonnable,

Que soudain le centre semble s'en détacher.
Le disque élargit s'inversant son diamètre,
Comme le pouls lent et régulier d'un être
A son orbe par un mécanisme enchaîné.

Les Révélations d'Awalhdouateden

Cependant l'hémicycle où se dresse un héraut,
Enthousiasmé or par le bon numéro,
Soupire indifférent son verdict souverain.-

Pourvu que, neuve encor, cette tête d'airain,
Dont le tribun friand exhibe le trophée,
Tombe à travers roulant le triomphant coryphée.

CCXXXI.
Le Présent d'Osiris

Nœud lunaire où Mars noire éclipse en conjonction
Leurs mystères jumeaux, se regarde Orion.
Fors que brandissant sa massue il étincèle,
Chasseur d'or couvert du trophée de sa toison,
Le roi de l'Almageste foudroyé chancèle,
Fort fier tel Héraklès marchant sur un scorpion.
Et tandis que sa pupille palpite, frêle,
Ur-Anna, la Lumière, à son front se révèle.

CCXXXII.
Apocalypse

Du Parfait sans vie la glorieuse parousie
Reflète l'envie de sa pieuse jalousie

Afin de ne pas corrompre la loi d'Hermès.
Le grand Samaël au front de cyclope borgne
Jusque parmi les profondeurs du sombre Hadès
Se dévisage par l'autre bout de sa lorgne.

Les immensités d'un ciel pyramidal
Où se suspend, stalagmite, équilatéral

L'avatar biaisé dans les miroirs face à face
Renaissent d'un mythe à sa source primordiale.
Lavé par le calice où d'en soi il trépasse
Ces portes, ô colombe immaculée du Graal !

Or, spire de triangles de Fibonnaci
Lové le Serpent ancien, hypostase mâle
D'un Ange féminin d'un remord virginal
Simulant les inaccessibles stimuli,

Les Révélations d'Awalhdouateden

Revient de soi-même en l'idole baptismale
A travers l'illusion du temps phénoménal.

CCXXXIII.
Le Chemin Royal

Au torse épique ardemment griffant elle,
Chat d'ailleurs le chrême au thyrse s'abat
En cette Othe aux gothiques monastères.
Montant de Jacob la mystique échelle
Révèle au monde évanoui le Bah
Ployant son aile aux souterrains mystères.

CCXXXIV.
Jupiter

Le jour de Mercure à l'heur de Vénus
Contracté de heurts indéfinissables
A la neuvième heure est surgi des sables,
D'un œuf mourant de vipère Gudrun,
D'un quadruple Père, alchimie du Noun.
Divas à têtes de serpents, les Huit,
Afin que s'accouplât le fils de Nuit,
Chantèrent en l'Ogdoade, érotique,
Les Œttir d'un Jormungand urobore.
Les esprits de l'Arbre séphirotique
D'Héliopolis, temple inondé de flore,
S'enlacèrent alors, cobras cornus

Hérissant de griffons les hallebardes,
Baphomet environné de ses hardes
Ainsi qu'un Cernunnos panhermétique.
Du roncier dont s'élève son aura,
Celui qui sera soit ce qu'il saura.

CCXXXV.
Le Sens des Brises

En haut à gauche du tournant d'un pont-levis,
D'Horus l'éon inspire, inespéré devis,
Le logique Eliphias de son caducée, membre
Aux mystères pythiens doublement consacré ;
La chimère androgyne où le poison se cambre.
Indice saturnin également légué
A l'humain par générosité de satrape,
Un serpent égyptien après sa queue s'attrape.
Du sifflement évaporé le corps léger
Se fond alors, pour qui contemple avec ferveur,
L'élément volatil au feu de sa fureur.
Mais assis en tailleur sur le globe terrestre,
Et dont trône en géométrie vert d'or le Graal,
Sceptre basilidien d'un vieux conte oriental,
Ce basilic celte à travers se défenestre.

CCXXXVI.
La Fin du Monde

Filtrant, l'Ogdoade un papyrus d'Oxyrhynque,
Avant de par l'étude accéder au Plérôme
Et d'un vaste essor naître à la plénitude, homme !
Semblable, ô double nature, à l'ornithorynque,
L'enrichissement veut des célestes matières
Connaître et embrasser les sciences vulgaires.

CCXXXVII.
Bellum

Depuis que l'âme seule en sa cage de feu,
De la Terre animant l'esprit des océans,
Divisa de son sceptre les quatre éléments,
Le tumulte du chaos primordial se meut.
Et tels en un puits descendus les mages rois,

Seul témoin de ses lois
L'irradie le flambeau
De l'Ange le plus beau.

Les Révélations d'Awalhdouateden

CCXXXVIII.
Le Seuil

Frappant aux battants affolés du saphir sombre
Qu'en ventaux formés du sein bleuté de la Nuit
Où l'emporte au couchant du serein l'élan d'ombre,
Le soupir enfermé d'un rêve évanoui
Blême à son reflet sombre aux confins d'une extase
Sa conscience innée relâchant qu'un spasme écrase.
Efficacement ainsi la clef du blasphème,
Sa souffrance efface ténébreuse or qu'il l'aime
L'immensité du gouffre où son âme s'élève.
Mantique immaculée des calculs souverains,
Par un portail sublime un remord dont il crève

Régressant s'il recule, un voile à l'œil d'airains
Scintillant telle une trame d'or au fond noir,
D'un désir plein d'idéal jusqu'au désespoir,
L'aventurier parmi de ces célestes lames
Se jette à corps perdu dans une mer de flammes.
Soudain au milieu d'une prairie verdoyante
Surgit du clair bosquet la licorne innocente.
Et poursuivant tout seul sa descente aux enfers
Se métamorphose en une nuée d'éclairs,
Quand découvrant son noyau, l'être indivisible,
Concentre le grand Tout d'une sphère invisible.

Les Révélations d'Awalhdouateden

CCXXXIX.
Templi Secretum

Dessus des pieds de serpents mélusiniens
Mêlant ses tables de loi qu'il sépare et compte
S'est posé le char de quelque oiseau isiaque.
Car répartissant tel un jeu de tarot chaque
Croissant le diable vert ainsi qu'un petit tomte
La roue roule de la charrue des Esséniens.

Le chien d'épée d'Anubis, perché sur sa branche,
Fait tourner l'urobore arqué de la Fortune
Où l'homme à nu se suspend comme à une corde-
De l'autre côté court un lièvre à patte blanche.-
Devant ce fouet bâtard sa harpe taire lune
Le doigt dessus sa lèvre avant qu'il ne la morde.

CCXL.

Diabolos

La dyade inversée par un prisme autogène
Verse et reverse encor l'universel mélange.
Mais à la fin des temps, le sel de cette fange
Retrouve l'unité de son corps homogène.

Foudre céleste, un monde en débris disparate
Du front divin s'est séparé de ses tours d'eau.
Tombé de sa couronne, un lys flamboyant,
Calice au crépuscule où la lumière éclate,
Réunit du Roi déchu le vert joyau
De cette Irlande ainsi qu'un château tournoyant.

CCXLI.
Génération spontanée

Généalogie de Nounet

Des profondeurs monté, léonine chimère,
Quand Ariel naquit de l'océan primordial,
Yao, Bouclier du ciel et de la terre,
Tendit la main à l'androgyne bestial
Et lui dit : « Traverse l'abîme jusqu'à Moi ! »
Le Créateur crut que sa propre parabole,
Idolâtrie incarnée de ce Fauve Roi,
Dans le reflet des eaux traduisait sa parole.
C'est alors que la pensée conçut l'existence
Comme un yale bifront imbu de son essence.

CCXLII.
Huitain hautain

Sur le signe de l'infini
L'un chemine, faisant plaisir
Aux deux, tantôt à l'Ennemi,
Par le huit éclectique, Œttir
Où il évolue dans les morts.
La fée se pare en ces atours.
Et malgré d'indignes efforts,
L'oiseau sombre absorbé toujours.

CCXLIII.
L'Or céleste

Ainsi qu'un *kara-kara* bifront tournoyant
De ces côtes de bois, statuette animée,
Sur les côtes de Pâques dressé menaçant,
Le Maître-Oiseau de l'Ile hypnotise égarée,
De ses yeux en spirale entrelacée la nuit.
D'une torpeur plongé le serpent de l'Œuf-Monde
Rêvant émerge du cratère où bout son onde.
En un temple oublié des cités rapa-nui,
Veille le gardien mercuriel comme un nain
Qui bondit à travers le ciel saturnin.

Les Révélations d'Awalhdouateden

CCXLIV.
Dussé-je

Sombre, un flot d'infimes boucles t'enveloppait
De son épice au piquant dont me caressait
La forme en un rideau d'anneaux de perles noires.
Sombrant dedans la rêverie de son beau rire
De légèretés angéliquement sans dire
Tendrement échangées de ces jeux accessoires,
Interrompues, la fascinatrice envoûtait
Ce qui, passion perdue, de ma raison restait.

CCXLV.
Les Dents de Lilith

Dédale éclatant trop par les secrets passages
Aperçoit son double en son abîmation
Allant fond du trope, or la psyché sans présages.
Dessus la poitrine, air d'intuitions, plantés
Labyrinthe aux miroirs de la sublimation,
Crochets démesurés sur le menton pointés,
D'arabesques gammées, nées d'absents paysages,
Ondulent ondoyants de l'abomination
Le cortège en ronde girant des serpents sages.

Les Révélations d'Awalhdouateden

CCXLVI.
Puisque l'Un est unique

Dans le cercle où s'inscrit le Tetragrammaton,
Les triangles d'or pur d'un homme de Vitruve
S'abîment par degrés en spire dioïque.
Les doubles proportions en sanskrit de Kadmon
Semblent imiter sur la vitre d'une étuve,
D'un temple aux parvis, grain de cristal concentrique,
La géométrie imperceptible et glaciale
Comme en Lémurie une aurore boréale.

CCXLVII.

Le Chant du Lys

Heureux s'ouvre ainsi qu'un cygne à sa pureté
L'Ished singulier d'un floral microcosme,
Obélisque en blason qu'à Sade attribue Losme,
Au désir de quelque orbe, ô céleste clarté !

Mais dans le jour naissant aux passions idolâtres,
Cependant que d'Hébé la robe orange ondule,
Tel d'un ange reclus le double pédoncule
Où se flétrit la fée en ses ailes rosâtres,

La cage d'Anima clôt de ces réceptacles,
Les clochetons croisés comme autant de pentacles
Dont fructifient les grelots, toits saint-basiliens,

Que trente-six graines en rosace à leurs doigts
Epand un roi de deniers dessus les bassins
Qui distillent en l'air l'amour né de ses lois.

CCXLVIII.

Bassin druidique au pied d'un chêne

Il est dans certains pays, croyance ancienne
De la mystérieuse Ukraine
Où l'on voit des Strigoïs de feu
Dans une nuit surgie d'une légende indienne
Hantée par quelque Oiseau de Foudre
Qui dans l'éternité se meut,
Dont croîtrait l'alchémille afin qu'il la pût moudre
Une source ainsi des jambes de Mélusine
Surgie de la double racine
D'un Père-Arbre antédiluvien.
Pareil aux broussins du tamaris égyptien
Dans lesquels se prit le sarcophage osirien,
Archétype où vit la colonne de Byblos,
Il semble un songe de Paphos !
Et sur le ciel bleu par la nuit assombrie
Aux cris de la sylve ébahie,
Le hante aux confins de l'antique Germanie,
Qu'un chaudron celte mit aux mains de Cernunnos,
Sous la forme d'un chêne en Tau, l'Ouroboros.

CCXLIX.
Jormungand

Portés par des flots dramatiques
Croissent les élans pathétiques

De qui se croit philanthrope.
Le discours se développe,
S'emporte, démologiques

Torrents fleur de montagne.
Et quand en bout de course
Soudain la soif le gagne,
Il revient à sa source.

CCL.
La Mélopée des Gouffres

L'essence atlantéenne au sang perpétuée
Nie l'abjuration de l'oraison muée
En les marbres anciens. Emergés des abysses,
De pyramides inconnues les précipices
Erigent d'or la géographie de leurs pans
Comme un temple englouti bâti pour des titans.
Et des disques crétois en spirale incrustés
Que rongent au fond de la mer les crustacés
Recèlent sous leurs arcs les grottes d'Amérique
Semblant le souvenir minoen d'un portique.

CCLI.
Entre nous

Serrant la sensation de froid intérieur
Peut être tellement intense et dévorante
Qu'elle déploie en négatif une chaleur
Dont vibre du tremblement en soi l'épouvante

Brûlant d'un vol ténébreux tout sur son passage.
L'élan d'espoir, comme des ailes de papier,
S'embrase au pessimisme ambiant qui ravage
Son aura, cruel et généreux désincarné.

De l'étoile introspective la dépression
Forme en ce sein déshumanisé un trou noir
Où l'essor du néant, par sa concentration,
Traverse, sublime abstraction, le miroir.

CCLII.
Aux Comtes de Toulouse

«*E Bafomet obra de son poder.* »
Olivier lo Templier

Lentisque de Lulle,
L'antique avatar
Au ménisque brûle
Mauve en nénuphar
Sur lequel ballotte
L'athanor qui flotte.
Mais le bain du Roi
Ramassé d'effroi
Fête avec froideur
La bête écumant
D'un bouc en tailleur.
Amour du Grand Pan,
Le risque ménage
Son dessein de rage.
Et du jour nouveau
Plane au-dessus de l'eau
Le four ovoïde
Où monte viride,
Vase caducée,
Pur, le fauve athée.
Les Révélations d'Awalhdouateden

CCLIII.
Astrolabe

Régulièrement la combination
De l'univers sensible en réseaux s'organise
Précis tel d'un almicantarat l'illusion
Qu'en le monde incertain leur image ironise.

Au milieu de sa cour, le diable en faux valet
Où solitaire en ces dédales crénelés
De dos, l'hiérophante avance à pas comptés,
Des montagnes dorées soulève les sommets !

Car, ainsi qu'il est dit en son Livre de Sion
Qui de l'origine du sort le tiers méprise :
Le sage annonciateur sans doute aura raison
De la Bête incrédule à sa passion soumise.

Et s'il songe en son laboratoire imparfait,-
Révélant que Thot hale à ces identités
Le doublon s'égalisa de leurs Trinités-
Le démiurge incompris nous livre ses secrets.

Les Révélations d'Awalhdouateden

CCLIV.
Azoth

L'être naturel de passion
Aspire en la complexion
De la démultiplication
Etourdi par l'infinité.
Et, résidu précipité,
Purifie les complémentaires
Modifiant l'essence insécable
Des sept profondeurs de ces terres,
L'artisan de l'irrémédiable.

CCLV.
Le Grand-Œuvre poétique

Ensemble embryonnaire où le fini restreint
L'image en miniature embrassant les contraires
Qu'à leur représentation construit la Nature.
Par l'angoisse hormis d'un jeu magnétique étreint,
Cet égard d'inconscience endormie par ses frères,
L'âme et le corps, qu'un Delta renversé figure,
Vers des extérieurs toujours plus symbolisés
Se concentre évoquant les souverains mystères
De vers intérieurs mimétiquement variés.

Les Révélations d'Awalhdouateden

CCLVI.
L'Occultation de Hadit

Comme un valet de cœur qui tient un lys gnostique,
Ptah porte au monde ainsi que d'un Thet brandissant
La neuvaine y embrasant, l'Œuf Philosophique
Autour duquel s'enroule l'antique *Serpens*.
Friction croisée, danse un inverse mouvement,
Or que l'attraction s'exerce à contre-sens
De leurs orbites des illusions du sensible,
La Terre, satellite lunaire invisible,
Où par le jeu de ses énergies la structure
Prend chair en l'âme animale de la Nature.

CCLVII.
L'Antre du Lynx

> *"Du hast dich gewiss auf den*
> *Rücken gelegt"*
>
> Novalis

Sous un chêne ancien dont les racines affleurent
Au plafond du boyau par où il faut ramper
Couché sur le dos, posture au rituel danger,
S'ouvre une grotte dont les stalactites pleurent.
C'est au fin fond d'une sylve crépusculaire
En laquelle souvent je m'aventure, un soir
Parmi les murmures obscurs qui feraient couard
Planant de Wotan la légende millénaire.

CCLVIII.
L'Etoile rutilante

En son œil on sondait l'étourdissant, prémisse
Tel entre deux tours un miroir d'obsidienne,
Dragon de Maya né d'une légende indienne,
Statufiés par les froideurs de la pythonisse,

Les Révélations d'Awalhdouateden

Etre esclave enchaîné aux rets belzébuthiques.
Et, dans les rayons de ces astres mirifiques,
Eclosaient des myriades de myosotis
Dont le cratère émergeait ainsi que des lys
Où s'enroule et fixe une *bitis caudalis*.

CCLIX.
Profondeur du Rythme

Cependant que le monde applaudit l'impuissance
Afin d'emplir ses mains blessées par le péché
D'un soleil maudit récoltant la pêche amère,
Et de garder à soi l'inique inconscience

Par la nature enchaînée à son expérience,
Part, naufrage amarré au sort déterminé,
Le calcul final où de l'unique frontière
La vibration cosmique à l'inverse balance.

Et de cette nef, arche aux songes chavirés
En la désincarnation chargée de clartés
Des chimères *ex nihilo* oubliées, pourtant,

Les Révélations d'Awalhdouateden

Résonne tel d'un Nil en ses ressacs plaintifs
L'éternité condensée au dernier instant
D'une vie perçue par les spectres subjectifs.

CCLX.
Mater Dolores

La vision de rêve où s'abîma mon âme
En proie à quelque Mérième insectiforme,
M'est apparue d'entre un vrombissement énorme
Dans un halo pénétrant de braise et de flamme.

Et sa taille serrée, injectant, à la mienne
Un poison paralysant tous mes sens ravis,
Fine ainsi que d'une Mélissa circassienne,
Dont les ailes étreignant mes membres transis,

Parmi des nuages jaunes aux douceurs m'enlève
De la corolle bleue, élastique et charnelle,
D'où suavement vers le ciel elle s'élève
Aux confins azurés de l'extase éternelle.

CCLXI.
Gnose

Que la Lumière soit sur la divinité !
Car l'autre est fille en l'une de l'Eternité.

Tout était contenu dans l'immense Origine.
Mais seul s'assembla à soi même l'Arbre ancien
Tel un serpent du caducée où revient
Le long cou du cygne enlacé à sa racine.

Ainsi fait-il corps avec ce figuier d'Eden
Où sur son échiquier se joue l'Osiris N.

CCLXII.
Sigma

Le marcheur incrédule escalade au sommet
La pyramide inachevée des souvenirs,
Trop nombreux, mais pour leur cauchemardesque attrait.
Puis, fautant d'un degré, s'il trébuche en le vide,
Le fantôme trahit de ses secrets désirs,
Par homéopathie, l'ignorance suicide.

Les Révélations d'Awalhdouateden

CCLXIII.
Les Serpents de Sagesse

Par le sextuple septénaire,
Croisement androgyne,
Revient à son origine
Le reptilien mystère
De l'Arbre duquel on fit
Le parfait Crucifix
D'un caducée *iranien*.

Ramifiant vers le bas lien
De la matérialité l'onde
Réintègre son analyse
Aux derniers instants.
Allégorie du Monde,
En la seconde où s'éternise
La profondeur du Temps.

CCLXIV.
Nova Seth

Zéphyr, du divin à la sagesse accouplé,
Etoilant au matin sur les mauves verdeurs
Iodée d'une mer qu'il remonta détriplé,
Théorie lumineuse ensanglante Patmos.
Alors, surgi des ténèbres des profondeurs,
Nage au levant sonore incompris le Chrêstos.

CCLXV.
La Pyramide renversée

Les sept Enfers sont un athanor où l'Œuf-Monde
Mûrit inversant le visible et le caché.
A travers les houles d'un nuage bleuté,
Cependant que l'orage évanescent qui gronde
De ses vapeurs ascendantes le feu descend
Homogène y réunit le dispersement,
L'escalier en spire où il sombre tel un Graal
Contient du Tout le pur diamant philosophal.

Les Révélations d'Awalhdouateden

CCLXVI.
Hypostase des Archontes

Crée au creux du creuset de Yaldabaôth,
Fécondateur du Monde or qu'il broie dans sa crux,
Se révèle en Tau le double serpent de Thot.
Cependant, par un enchevêtrement de flux

Que rêvent se lovant d'invisibles archontes,
La méiose innée remonte à son origine.
La mixte union du monisme annule les comptes
Par le Nombre d'Or né en proportion divine,

Des excroissances de la céleste hypophyse
Qu'un plafond d'Angelo de sa pourpre électrise,
Au crépuscule où s'éveilla Nuit au néant,

Dont le firmament étincèle convergeant,
Et s'élève abîmée dans les profondeurs denses
Qui résonnent des astres réfléchis les danses.

CCLXVII.
Aspiration

Lorsque évaporée l'œil noie, sa noire pupille
Garde heureusement dans ses larmes d'allégresse
Le ringard ramonant le bambou de l'ivresse.
Métamorphosée, la flamme du ciel vacille

D'un verdâtre éclat dont la salamandre vrille
Parmi l'élémentaire hydrat de sa paresse.
Et cependant que les effrois qu'une ombre oppresse,
Planant dessus de sa tête suintant la grille

Où paraît pleurer, infernalement enclose,
La Femme éternelle irascible en verbe éclose,
Grille impassiblement de ses feux familiers
Les regards du carquois oublieux humiliés.

CCLXIX.
Sed fiat Nox

Comment la croire entière ? L'Idée sophistique
A mesure que l'identité dissolue,
Comme un précipité, en matière involue
Et se complexifie. D'un blasphème cubique

Se construit le réel et la vie si variée.
Et gire la spagyrie de sa chrysopée.

CCLXX.
Le Serment

De la sylve vierge
Où Montsalvatge émerge
Clarté des songes flous
Pareille à des remous
Vermeille d'un chaudron
Vivifié d'Avalon
L'Anima, mauve fée
A la robe éthérée,
Tournoie parmi les voiles
De ses soies dont les toiles
Constellées en étoiles
Emprisonnent les âmes.
Or né d'entre les flammes
Reconstituée l'ombre
Compacte en masse sombre
Germe du chêne ancien
Qu'enchaîne un pacte au sien.

CCLXXI.
Pangnosis

Pulvérisé d'un sinueux nuage,
Dans un ondoiement huileux surnage

Le dragon rouge en son calice verdoyant
Dont le pampre se déploie indéfiniment
Ainsi que les arabesques d'un arbre en sphère
Excentrant ses branchages. Au fait du mystère,
Des trois bras prisonniers en ce rouage intime,
Abraxas de son fouet lance le cycle ultime.

L'escalier descend, ténébreux oracle,
Jusqu'aux tréfonds infinis du pentacle.

Judas, en éclaireur, à l'écart du troupeau,
Barbe baphométique arborant le héraut
Semblant un hermite à la Grande Thébaïde,
Porte les clefs du Royaume de Barbélô,
Boite de Pandore agencée en pyramide
Où la Reine agrège une insensible matière.

Hermès Strophaïos, le Maître des Portes,
Souvent se déguise en valet de pique.
Les Révélations d'Awalhdouateden

Renaissant de l'amphore humide, hélas !
Monté du sarcophage d'Amfortas,
Sa tête pivoter voyant d'un sens contraire,
A travers les seuils tournoyants de places fortes,
Devant la globalité du savoir panique,
Au damier du dedans, mais à l'île au dehors,

Ainsi, qui servira le mieux le bélier fors
Le serpent qui l'étreint de ses premiers remords.

CCLXXII.
Comédie

L'impur devant d'un tas de pierres séparé
Qui se retourne, au temple rosé de vert fane
Le rire impair dont l'éclat se perd égaré.

Semblât d'une *komè* qu'on dit d'Aristophane
Diogène marchant, la lanterne à la main
En plein jour, cherchant par Athènes un humain !

CCLXXIII.

Le Bain du Roi

Globe ailé, du tumulte
Dont la force l'exulte,
Fontaine de Jouvence
Sur un socle damé,
Le Roi vert de sa lance
Perce un ciel condamné.

D'un homonyme arabe,
Constitué, le scorpion
De sa constellation,
Ainsi qu'un astrolabe,
Pourfend l'illusion.

Mais tandis qu'il s'ajuste
Tendu, géométrique
L'insensible cadran
Modifie, mage auguste,
Son image empirique
En se vampirisant.

CCLXXIV.
Allégorie de Sabaôth

Tel se mirant en un lac souterrain,
Pareil au ciel baignant la mer profonde,
Surplombant son triple un regard divin
Dans le halo bleu de ses foudres gronde.

Yaldabaôth, le père féminin
Du grand Zéphyr fécondateur du Monde,
Tient le cimeterre scindeur de l'onde
Dessus les eaux, de son esprit malin.

Qui lévite, éon de la Bête en gloire,
Triomphant au milieu d'un gynécée
Pythique en Seth gît, substance allégée,

De cette pesanteur la gnose noire.
Entre éther et enfers trône entouré
Des archers de Pistis, la vérité.

CCLXXV.
Sponsus et Sponsa

Monade hiéroglyphique, un Baphomet
Astral, exprimant de son alchimie cosmique
La finitude sublimée coiffant Nounet
Par le signe bélial en son règne karmique

Au socle embrasé de sa source s'inversant,
En les siècles confond cette boucle éternelle.
Et l'Ogdoade se réjouit multipliant
Son origami qui prend forme, or qu'étincèle

Le prisme où des années le nombre s'additionne
De ses couples aux embranchements de l'étoile
Construisant l'origine, où tissant sa toile

Le fils, parmi ses fils arachnidés espionne
L'intrus. Tel un diamant vert de sa couronne
Synthétisant, la Muse sphérique il dévoile.

CCLXXVI.
Zen

D'odieuses phalènes
Epandent leurs haleines,
Fugitifs acouphènes.

CCLXXVII.
Certains soirs

Sous le dais frissonnant de la nuit étoilée
Qu'enfle comme un souffle d'émotion scintillant,
Abîmons-nous en cette illusion d'un instant.
Et que la mélancolie d'azur constellée

De cristaux en pluie dont les roses fleurs de roche
Rêvent aux palais engloutis de mers lointaines
Puissent enfin noyer nos langueurs souterraines.
Le petit ruisseau semble pleurer tout proche,

Et mon sein grelottant s'engouffre en la froideur
Dont le vide entre ses étreintes mortifie
La cage de ce buste éteint de fièvre emplie
Par l'absence du front qui fait battre son cœur.

Les Révélations d'Awalhdouateden

CCLXXVIII.
Chrysopée de l'Ame

Seigneur du Labyrinthe octuple Léviathan
Y chassant au croisement le lion vert s'attend.

Par le Verbe unifié de l'inique Serpent
De son nez le sourire inversé retroussant,

Nous verrons la *poïesis* de la science innée,
Aimable spagyrie de ce cœur attisée.

Et que le souffle de l'esprit ranime enfin
L'âme spiritualisée sur le déclin.

CCLXXIX.
Le Miroir de Sevekh

Flottant au ciel tel un résidu nitreux
Du mercure en son centre imbibant l'œil vitreux,
La nue huileuse semble un sinistre gavial
Qui remonte le Gange en un rictus glacial.
La verge ballotée sur la berge clapote
Tant que le crocodile avec son bec sanglote.
Puis quand le vent du soir lève sa tiédeur
Dans le bleu décanté d'une trouble moiteur,
Le reptile amphibie chante un hululement
Qu'anime étrangement ce grave enchantement.

CCLXXX.
Le Spagyre sérendipe

Par les couloirs d'une étrange *solariega*
Dévorée sous les racines d'un né d'ailleurs,
Force majeure au seuil, un valet de Kaffa
Veille ainsi que le noir Prince des Profondeurs.

Pénétration de l'œil qu'un juste orgueil chassa,
Le démiurge à la fenêtre des profiteurs
De cette orgie de perfection que son chat
Poursuit pareil à un fauve le Fou sans peurs,

Harcèle Héphaïstos de son bec d'Erinye.
Goutte or, tout cependant que ce bras sec renie
En son tort ténébreux l'énergie créatrice,

L'écorce en vain recouvre le corps profané
Au son mélodieux d'un remord trop tard né
Que pointe en inversion la céleste matrice.

CCLXXXI.
Message cochléaire

Le nanisme étranger d'un colosse, engoncés,
Aux charmes étrangement des coléoptères
Qui de leurs yeux noirs scrutent des grottes, hantés
Ajuste en son regard perçant les nycthémères
Dont le serpentement ondule nuit et jour.
Cependant que reculant par l'orbe enfoncé
De soi-même Endymion pénètre au bois sacré,
Temple ajusté de divisions, de sa cour
Le centre tant tournoie qu'il semble balancer.
Entretemps tout un peuple d'arachnidées mères
Tisse la Merkaba de son génie bleuté.

CCLXXXII.

Attends l'Autre

Adorant le python, elle arrête à sa joue
Le fleuve de venin sinueux qui se joue
D'entre les iris parfumés de ses épaules
Qu'elle hausserait d'indifférence en signe aux drôles.
A fond, dans son regard, une ivresse intrépide
Bâtit comme un oléoduc sa pyramide
Cependant que la bâte un ânier consciencieux.
-Pas de faux-semblants : Baste ! C'est un licencieux.
-Car pour faire une fable, il faut de l'engouement,
Même si la clarté nuit nostalgiquement.

CCLXXXIII.
Effondrement

Sylve nocturne illuminée de fleurs luisantes
Aux couleurs variées comme une foire en été,
De vierges néants l'infini cristallisé
S'épanche en complexes détours parmi les sentes
Vaporisées de parfums d'ambre et de guimauve.
Les virages, épinglés se font apaisants
A travers la clairière où filtre en lueur mauve
De lucioles aux surnaturels filaments
Le chant matérialisant, vision de merveille,
La fée des songes perdus repliée qui sommeille.

CCLXXXIV.
Paralipomena

Parlant tel Paracelse, éminent chevalier
Des sciences, il était des douceurs séculier.
L'allégorie d'un soir vermeil semblait les armes
De ce prompt bateleur dompteur de diableteau
Tout pareil à celui niché dans son pommeau.
Le sel de la douleur avait séché ses larmes.

Les Révélations d'Awalhdouateden

CCLXXXV.
Le Ruisseau de Catherine

Qu'or la sphynge de ses doigts de lynx tels des lys
Au son de l'hydrolys caresse son phormynx
Dont les formes sont le son. Tantra de Tantris,
A qui le tentera de son air de Syrinx.

CCLXXXVI.
Le Leurre

Dans la royauté trônant d'un ange aveugle
L'éon sculpta son corps au cor des séraphins.
Lion combattant l'hydre, il s'envole aux tréfonds
D'un arc d'émeraude éblouissant Apis qui beugle.
Agitant leur palme en feu, les lices malins
Chantent l'apologie cernée des martyrs longs.

CCLXXXVII.
La Maladie du Soupir

Envol presque érotique aspirant au Nadir,
S'ouvre un sternum à force d'émotion s'emplir.
Par un héros mythique, or répudiée Ishtar,
Talisman nulle part choquant deux univers,
Comme de tambourins le Dāleth à l'envers
Tant va vite en son mouvement de vieux sitar
Le battement né en leurs membranes rythmiques,
Symétriquement élevées par ce silex
De vert embrasant leurs réactions chimiques,
Reproduit à l'infini son onde en vortex.
Dans un croisement d'étincèles électriques,-
Tel un bélier le triangle retourné d'Orion,
Etrangle aimant leur lutte éternelle un python !-
L'essor étourdit les fracas systématiques,
Des fractales en cataclysmes chaotiques.

CCLXXXVIII.
Procrastination

Pour honorer de ce serment les passions,
Des empires, des cités d'or tout près des cimes
Jusqu'à l'empyrée s'effondrant en tours sublimes,
De petites gens sculptent aux gouffres profonds.
Ases, troyens peut-être, ou d'une île engloutie
Survivants ignorés, de l'aube ouvrez les vannes
Au peuple démultiplié des dieux Vanes !
Que soit profané le mystère de la vie !
Certes, tout est perdu. C'est l'espérance ultime
De la gloire, et de l'ordre, et du monde, et du crime.

CCLXXXIX.
Les Primos

Bouc furieux aux mille ægypans nés de la Nuit,
L'œil du cauchemar en fente orangée luit
Tel d'un étalon noir écumant sur son mors
Cendré dans un halo qu'argente le tonnerre.
De tous les agneaux, bélier sanguin, le père !
Par l'embouchure innombrable des châteaux-forts
En leurs tunnels gothiques secrets réfugiés,
De ces éclats de pierres, sans fin surgissez
Comme un torrent de passions sur le morne ennui
De la décadence en ruine des mûrs croulants !
Depuis soudain, par des passages coulissants
Qui des branches craquant dans l'ombre auront le bruit,
Demeure des serpents émergée sous la terre
Sortant des crochets de sa bouche un phylactère,
Parmi la bruine, dansez sous le ciel bleu sombre,
Hurlant à tous les astres assemblés sans nombre,
Traversant les marées et marais croupissants :
« Vous êtes tous damnés ! », en croupe du démon
Voguant vent en poupe serein vers l'Avalon.

Les Révélations d'Awalhdouateden

CCXC.

Qui se fuit

Ce soir filtre un ciel bizarre
Tel teinté d'un verre en couleur rare.
Nombre où palpite une chair,
Sombre d'eaux crépusculaires

D'or tel de Lucie le flambeau fier,
Tour à tour unies roses, bleues, vaires,
Resplendit à la portée
De la transgression par Prométhée.

Du fer de Mars immolé
La flamme verte en traître a viré.
Sur le chemin sans retour,
L'être humain s'engage pour toujours,

Aboutissant à rebours,
Sans arrêt évitant le plus court,
Perdu comme en un jeu de hasard
De son détour au départ.

Les Révélations d'Awalhdouateden

CCXCI.
La Cataracte

A l'âge de raison aboli par l'enfant,
Bisclavret à la double personnalité
Développant de ses sens l'extrême acuité,
Troisième-œil occipital transversalement,
Se racornit l'organe ombreux de sa conscience.
Connaissance à jamais perdue de l'innocence !
Atrophié, le bifront oublie la lumière
Qui ornait son front d'arabesques oniriques,
Et des variations vibrant de chants magiques
Le rythme enchanté s'abaisse à la matière.

CCXCII.
Le Pareil et le Même

Aspirant à l'extrême, un pendule girant
Repousse infiniment parachevée la stase.
Et toujours se rapproche une insouciante extase,
Nirvāna écrémé de l'impur du vivant.
Voilà ce qu'il faut faire. Accéder à son être,
Mais en envoyant le dicible au savoir paître !
Voilà, j'en ai dit trop. Mais à plus tard, peut-être.

Les Révélations d'Awalhdouateden

CCXCIII.
Barbatos

1.

A l'aide avec joutant de la direction
Des vents, semble concentrée la séparation
Du magnétisme entre deux mains sur une table.
En, ces vivants aimants, les doigts crispés du maître,
Vrombissant par les ions, ou même, insaisissable
Un occulte huement les repoussant sans cesse,
Le flamenco terrible expire avant de naître
Ainsi qu'un pétard alchimique du diable.
Par son illumination, c'est poudre de fesse !

2.

Rituels subliminaux

Contre nature, étudiée la bizarrerie
Déplace un film calqué par télékinésie.
Tels réunis un soir jaune en cercle de feux,
Des gardiens revêtus de leurs *san benitos*
Font revivre une diablerie de Barbatos
Dont la geste en désuétude effraie les deux,
Qu'accomplit le siècle, en ses gestes hasardeux.

Les Révélations d'Awalhdouateden

CCXCIV.
La Voie Royale

Détourné des colimaçons d'une demeure
Aux retours redondants, explorant les travers
Tel coupant par les ruelles de Montpellier,
Fait tourner le disque en ses carreaux encastré,
Le veilleur de la Tour dessous un ciel qui pleure.
Un trafic d'âmes glissées sur des tapis verts.
Logique actionnant par la moitié ce losange,
S'écarte un jeu que son tour de garde inter-change.

CCXCV.
Courant tellurique

Né quasi d'un son cristallisé sur la crête
D'une falaise herbeuse environnée, la Fête,
Or, des Bêtes, de particules de lumière
A l'équinoxe emplie d'une orgie printanière,
Semblant d'un métal poli, rongé de cupules,
L'ancien rocher sourd de son vibrant magnétisme.
Autel néolithique aux brumeux crépuscules
Presque blanc, où battrait un plan de spiritisme,
De pierre inerte, animée si quelqu'un la pose.
Montant tel un cheval celtique dans l'orage,
Précipité s'engouffre un couloir de grès rose
Où le vent du nord court comme un enfant sauvage.

CCXCVI.
Sur l'eau

Des silures aux mouvements brusques,
Qui semblent des chimères étrusques,
Masses montées de la nuit d'angoisse
D'un pêcheur ancré en pleine poisse,
Changent de direction, soudain
Tels des pollens d'azur onirique.
D'un coup de nageoire énigmatique
Où traînent leurs barbillons d'airain,
La vase d'or bruni secouant,
Les monstres noirs songent sous l'étang
Qu'un saule ombrage, rêvant les fonds
Ainsi que d'improbables dragons.

CCXCVII.
Un lice

Ces félins monstrueux rêvés par Mallarmé,
Mi-chiens vampyrs, mi-lynx, au regard de jusquiame
Noir tel d'Asmodée, l'Homme-arbre, inspirant une âme
D'un souffle de chacal d'Anubis emprunté.
Ligres, griffons, chimère, enfants de Zagreus
Nageant jusqu'aux berges d'un Nyx, aqueux corpus,
Ebouriffé d'écailles en ongle emplumés !
C'est le Sphinx, le mystère des dieux révélés.

CCXCVIII.
Le Portail de Dāleth

Réfléchissant la mer sur laquelle il se fond
En une aube où monte un vert dégradé en mauve,
Juché en lotus, le patriarche ardent, fauve
Primordial ploie ses cornes sur Poséidon,
Celui dont le trident fait bouillonner les eaux
Et s'émouvoir la terre. Au miroir incurvé
De son globe oculaire à cinq rais étoilé,
Cet iris au feu noir, absorbant les semblables,
Unit leurs opposés de noirceurs insondables.
Bélier cyclopéen surgi de sa tanière aux cieux infernaux,
Se galbant puis tendant sa toile, un planisphère,
Comme une éruption volcanique hausse un cratère.

CCXCIX.
Râ-Hoor-Khuit

C'est l'envers du front couronné d'un chevrier
En ses doubles sans leurs centuries exilé.
Par transmutation, l'accomplissement du bien
Passé par tous les possibles de son contraire.
L'émeraude où le dragon retourne à son lien,
Révolution achevée de la roue agraire.
En Orion, le bouclier du chevalier.
Le premier d'entre eux, globe ailé, c'est le grand Pan,
Perturbateur originel de l'harmonie
Par ses suivants, Serpents de sagesse, infinie.
Le miroir global où tout était, terrifiant.

CCC.
Le Dédale du Rêve

De boiseries en ogives sur troncs roulants
Près d'un reflet de douve au clapotement froid,
Ainsi qu'une effroyable nef de déments
Avance, triomphant, de Noé le beffroi.

Les Révélations d'Awalhdouateden

Sous la lune, une nuit bleutée se réverbère
Parmi le scintillement des granits givrés.
Aux gonds d'un tonneau sans fond se débat Cerbère
Avec un cliquetis de maillons acérés.

Dans la chaleur de parfums bruns de cœur de cale,
Environné de lueur verte tropicale,
Le rêveur chemine aux grincements familiers

D'une mine archaïque aux arcs cristallisés,
D'un vaste terrier traversant les cloisons fausses
Où la terre creuse en rhizome étend ses fosses.

CCCI.
L'Extase

Déséquilibre parfait né du Nombre d'Or,
Juste infusion du corps par l'âme, de l'esprit
Telle une plante, ah ! née du siècle où il vit.
Année de solitude emplie de tout à mort !
Amour désespéré de ce qui est perdu !
Tu es la boussole exténuée qui m'égare
Au monde profané d'un serpent parcouru
Dont se meurt en un papillonnement l'hectare.

Les Révélations d'Awalhdouateden

CCCII.
Mélopée crocodilienne

D'une sylve aquatique au levant émergée
Peuplant un esprit, nage une brume animée,
Tourbière où rode un vieux garpique-alligator.
Cependant que sourd en bourdon, brut un accord
Comme un cri de butor sur des sereins d'eaux-fortes,
De longs lambeaux moussus pendant des branches mortes
Semblent des haillons de sorcière rachitique
Qui tend ses bras chétifs à un ciel magmatique.
Or, dont se dandine écrasé par chaque note
D'infrabasse atterrée d'obsession en marotte,
La marche inéluctable, amortie, la cadence,
De ce rythme étranger reproduit la fréquence.

CCCIII.
La Grotte de Polyphème

Le choc d'un traumatisme assourdissant résonne ;
Cyclope enivré de merveilles invisibles,
L'autre côté de l'homme, effronté de Janus,
Poursuit de l'infini l'ombre où se meut personne.
Le géant fils des dieux garde en lui la mémoire
Déchue inconsciemment d'un règne de gloire.
S'élevant jusqu'au front, les vrilles insensibles
De cet œil indien percent l'hypothalamus
Où il se fourvoie contre une lisse paroi.
Ainsi que le fond de sa caverne incurvé
Qui fait croire, à tâtons, à son infinité,
Parcourant son esprit, empli de désarroi.

CCCIV.

Les Dauphins du Gange

Ils ne reviendront plus aux plages où la frange
D'un marécage écumé par lentes secousses
De lotus bleus embaume aux sels roses d'eaux douces
Ces hommes retournés à la mer primordiale,
En leur songe en clair-obscur, les dauphins du Gange.
Caressés dessous la lune, aux sombres allures,
Qui semble chatoyer dedans leurs chairs d'opale
D'étranges lueurs sur le fleuve pur et sale,
D'ombres aux remous indifférents des silures,
Le sanctuaire immémorial dans l'oubli sombre,
Dédale inexplorable intéressant d'ordures,
Dans une tourbe insondable emplie de décombre.
Car, hérissant leur fine explosion d'aura,
Les cétacés replongent à leur Nirvāna.

CCCV.
L'Angoisse existentielle

Fusant fuit la révélation de la panique,
L'esprit d'individualité lucifuge,
Et refuse, orgueilleux, du néant le refuge.
Telle une ombre, il recule, égo pharaonique,
Et dans ses évitements, l'on dirait qu'il danse,
Prolongeant sans fin d'un habile subterfuge
La partie de go contre son principe unique.
Triomphant, dans le noir, comme un prince, il s'avance
Et plus savant toujours l'obscurité devance.

CCCVI.
Le Charançon

De ses grands yeux noirs aux miroirs multiples,(
Petit monarque affreux douillet,)

Qui lui font revoir tout en triples,
Ces grains de mourrons vivant, son

(Dessiqué d'un croquant secret)
Que ronge de sa trompe un charançon.

Les Révélations d'Awalhdouateden

CCCVII.
Les Fées

Débauche aux vives couleurs de fleurs éclairées
Ouvrant leur corolle ainsi des forêts d'ampoules !
Pays de féerie au peuple, immaculées,
De filles-lys au nectar humant presque saoules
Des pédoncules extasiés où elles vivent !
Susurrent… Ah ! Murmure adoré des clairières
Au clair de Séléné scintillant qui les privent
Par son charme inné de ces amours roturières !

CCCVIII.
Tao gothique

Parcourant le labyrinthe, un humble chartreux
Accomplit le rituel céleste et terrestre
En soi-même évoqué. Simple et aventureux,
Sur la route, il s'engage, espoir sans retour, dextre ;
Serpente en le méandre aux détours tortueux ;
Sans perdre le souffle, court pressé par le doute,
Excentration nécessaire aveuglant l'écoute,
Au centre intérieur où fleurit l'astre rupestre.

Les Révélations d'Awalhdouateden

CCCIX.
Dos à Dos

Imposture

Sans fin retourne tel un huit en Seth,
Serpent si fin qu'il feint un pschent en Theth,
De Râ la Nuit, multiplié par sept,
Geste infinie, Vénus des Turbulences,
De sagesse incubée par ses errances.
De sa croche acérée telles des lances,
Lutte éternelle entre Anciens de Dédia,
D'un bélier d'eux cabré contre un cobra,
Le chien mort se mord murmurant : c'est là.

CCCX.
De la Vanité admirable

Physionomiste, tu ressembles
A l'animal qui se débride
A l'image des dieux hybride.
O envolée de ces nuits d'ambles
Qui se précipite en le vide !
Le calme revient, soyons fous.
Bête, on le serait pour deux sous,
Fondus tels sur des yeux d'acide.

CCCXI.
Awalhdouateden

A la manière d'Heinrich von Laufenberg

Je sais un règne où en tous lieux
Fleurissent des pommiers d'or
Et flotte un parfum délicieux !
Le cavalier cligne des yeux
Tant l'éblouissement est fort !
Les Révélations d'Awalhdouateden

Le bateleur cligne des yeux
Ainsi que son torse qui bat
Et semblant le vol d'un faucon ;
D'un esprit l'évaporation,
Au matin s'évente son *Bah.*

D'une âme l'évaporation
Dont la décurie salue bas
Le cortège du Pharaon !
Solitaire, en amont, là-bas,
Le septuor de leurs Deltas

Tourne en une spirale d'or
Entrouvrant sa porte voilée,
Eventail de rose étoilée
Par l'œil du néant décalée,
Déjà révélée en tous lieux.

Les Révélations d'Awalhdouateden

CCCXII.
Théorie du Chaos

Se griser de raison aspirant jusqu'au kief
Frissonnant d'émotion à glisser de quinconce !
Patinage incliné, en rond au pied d'un if
Renversant l'ordre inné d'un Hermès qui s'engonce,

Badine un petit être accroupi sur l'à-coup
D'un hiéroglyphe en rouage accélérant,
Qui siffle et crissait du fond des âges le flou.
Reproduisant l'exil au délire flagrant,

Fils d'Héraclite, on bâtit des châteaux de sable,
Qu'il voit souvent de son œil biaisé bien trop stable,
Mêlant dans le narghilé des quatre éléments
Les volutes perlées de ses rires déments.

CCCXIII.
Theos

Révélé par le père inconnu de panique
Se redresse à l'image du second démiurge,
Mise en abyme de merkaba prismatique,
L'ancien troupeau tel de l'anti-Noé Panurge.
Les Révélations d'Awalhdouateden

A l'ankh de son sacrifice ombre entrelacée
Au contour lumineux, du Tao créateur
Se renverse en delta de feu le caducée ;
Et acquiert en même temps la profondeur.

Logique immuable, en spirales se déploient,
Triangles d'or en suite infinie du Logos
Jusqu'aux détails les plus infimes du cosmos
Ces pans d'éons qui parmi l'éternité ploient.

CCCXIV.
L'Imparfait

Plan d'une alvéole au dessein plié en quatre,
Triangle aux bras écourtés, en cessant de battre,
Déplié comme un cerf-volant, réagencé,
Le prisme dont joue Pan prend forme en un volume.
Origami semblant léger comme la plume,
Eclatée par le souffle à sa forme arrêté,
S'écarte, enflée, la pierre de Melencolia !
Et se retourne en lui le serpent qu'il lia.

Les Révélations d'Awalhdouateden

CCCXV.
Intuition

De lézards tels en foule ondulant qui balance,
Dans l'air magnétique, électrisé, l'influence
Des métaux sur la plante ainsi que leurs planètes
Se manifeste des arums parmi les têtes.
De celui qui se mord la queue avec prudence,
L'infusion réalise, huileux précipité ;
Juste coction, ce rituel inversé.

CCCXVI.
Big Bang

Pour l'être absorber d'autre chose,
Afin de sa substance extraire
De la chair la métempsycose.
Car l'un est de l'autre son frère
Accomplit le mythe contraire.
Au temps lointain de la mitose
S'abîmer comme en un yantra
Par un fil de caryocinèse
Qui hors du labyrinthe entra
Rejoignant sa psychokinèse.

Les Révélations d'Awalhdouateden

CCCXVII.
Archétype

De rouge et de noir dévêtue
De sa moire de m'as-tu-vue
Si fragile en la chrysalide,
Se déploie cette fée viride.
Es-tu la princesse Maleine
Ou bien quelque putain mondaine ?
Isis, Lilith ou Mélusine,
Mords-moi de ta lèvre sanguine !

CCCXVIII.
L'Hybride

Dieu-cerf assis en posture de scribe
Ainsi qu'un Baphomet que désinhibe
La balance en lyre sur son plexus
D'un nœud lunaire où repose Vénus,
Tel Adamas dessous sa première Eve,
Transfiguré, d'Isis trônant s'élève
Méditatif le transport de l'extase.
D'un galop lourd qui rue comme Pégase,
De furie rejoignant le grand zodiaque,
Pan d'un accès tout dionysiaque
De serpent sage au fol bouc s'entrelace
Et par sa gestation les jours trépasse.

CCCXIX.
L'Ouchebti

Dans le bois le plus dur sa forme recherchant,
Se constitue à son image un talisman.
Par le biais du Télesme où ses bras ailés
Fauconnent à capter les fluides cachés,
Façonne un écho potentiel la figurine,
Qui vibre et résonne en une sphère divine.
De lui-même la dagyde, un sourcier plaque
Sa quintessence intime en posture osiriaque.
Alors soudain prend vie, symbole intelligent,
L'ouchebti ranimé au gré du firmament.

CCCXX.
L'Indivisible

De l'hydre de Jonas la gueule caverneuse
Derrière une cascade, antre au temple d'albâtre,
Le visiteur, guidé par sa torche trompeuse,
Aux enfers chtoniens entre les réalités
Par un boyau frangé de racine noirâtre
Parmi les temps s'immisçant, qu'elle arrache, herbeuses,
De ce bouillonnement devinant les clartés,
Pénètre de la Terre en les entrailles creuses.
Et pour de se perdre en la nuit risquer le saut
Où se referme acharné, rugissant le flot,
Cheminerons-nous dessous des colonnes d'eau
Tels des geysers érigés en ogives blanches ?
Mais il faudra pour explorer ces plages franches
Retombant perpétuellement, sur les tranches
Un instant dégagées, sans retour engagé,
Un voyage aux confins de l'abysse engouffré
D'un pas rapide et sûr, lorsqu'elle émerge entrer.

CCCXXI.
Zéro

Des chemins de détours cachés le fou voyeur
Quitte à nouveau le fort scintillant de Nephtys
Dans un matin blafard constellé de rubis.
De soi-même au plus loin, d'autre, il repart vainqueur
Pour un aventureux et absurde voyage.
L'Alchimiste s'en retourne en pèlerinage.

CCCXXII.
Géométrie sacrée

D'une spirale d'or infinitésimale,
Le démiurge qui tord varie de son dédale
Le dodécaèdre de l'espace imparfait
Dont les faces se mirent en l'individu,
Pentacles communicants du temps continu
Par les alvéoles de leur couloir secret.

Les Révélations d'Awalhdouateden

Tel l'aède joue et s'amuse le Grand Pan,
Harmonie d'une sphère où l'accord sourdement
Vibre de cette matière obscure en photons,
A manier de sa musique les distorsions.
La gelée translucide emplissant l'Univers
Infiniment repliée s'abîme à l'envers.

Magicien, il sait aussi se faire interprète,
Mathématicien, pour changer l'unbipentium
En un crâne où s'ajoutant l'année il complète
De Sérapis aux rives du Nil, *trivium*
Nocturne, où s'accouple simplement son image
Dans un octogone où s'égare ce mirage.

Par la boucle tenant de l'Ankh la clef, Nephtys,
La Maîtresse du Château d'où nul n'est entré,
Garde au seuil l'Ogdoade où immortel iris
Veille ignorant le cycle de l'éternité
Comme en le Graal d'un Avalon consubstantiel
A l'origine d'un globe omnisensoriel.

CCCXXIII.

La Fiancée souffrante

D'une Proserpine assoiffée,
Guivre à buste de sphynge, agrippe
Le fantôme aquilin de fée
La carcasse altérée au type,
Mordant le fruit d'un cœur qui, mûr,
S'ouvre pareil à la pivoine,
Découvert à l'instant sensible,
Sous le soleil d'un élan pur.
O tentation de saint Antoine !
Elfe hybride au pouvoir terrible !
Licorne sauvage enfourchant,
Lycanthrope l'effarouchant,
Le courant glacial de leurs voix
Mêlé d'un râle convergeant !
Et, profil d'un yale en croix,
Double aux trinités des tumultes,
Pend, métal perlé des croissants
Opposés, en son bain thermique,
Le Mercure philosophique,
Opérateur d'hymens occultes,
Réunit les mains des amants.

Les Révélations d'Awalhdouateden

CCCXXIV.
Kermesse sinistre

La manifestation bariolée de la Brute,
A son accordéon, paillasse en parachute
Nous piège atterrissant près de son chalet
Où je vis un amour que servile on distrait.
Et pourtant, notre refuge à sa roche abrupte
S'agrippe, espiègle intimité, en une étreinte
Secrète et familière où d'un tour il me tente.
Pénétrant, puis comme aspiré dessous sa tente,
Le quart du poignet dans un mouvement de crainte,
Avive à peur la flamme bleue, le soulevant,
Et ce chapiteau tourbillonne sous le vent
Telle une montgolfière en un souffle happé,
Juste un peu perdant pied au ciel pour essayer.

CCCXXV.
Jeu de Bataille

En un cylindre vrillé de couleurs primaires
Où s'assemblent ainsi que des dieux métalliques
Les couples décalés des éléments chimiques,
Par le jeu d'abordages d'heures planétaires,
Le patron du dodécaèdre se replie.
Changeant du rouge au mauve son spectre, encerclé,
Le feu roule, artificiel, autour de ce dé
Comme d'un enchaînement que son arc relie.

CCCXVI.
En sens mire or

La lueur née du juste milieu
Végète entre ces temps et Dieu.
A l'image d'un son formel,
Le Sage songe en l'éternel.
Mais l'odorat d'un air sublime
De leur nez penché sur l'abîme

Les Révélations d'Awalhdouateden

Les sens, dedans prêchant charnel
Nerveusement mirent l'oubli
Par l'insidieux ennobli.

CCCXXVII.
Demeure où l'on naît

En sa muflerie de mouflon meurt l'expertise
De quelque œuvre éclectique au soupir malapprise.
Hardi ! Car nul ne saurait empirer d'extase
L'écart qu'insinue l'inaudible paraphrase
Qu'eût causant ce poitrail maudit qu'une âme écrase.

CCCXXVIII.
Le Temple de Thot

Le semblable attire le pareil en l'impur
Embrasé de fumées d'or ; la vierge Diane
Par son embrassement entraîne le profane.
Et cependant qu'il dort, Sethi longe les murs

Les Révélations d'Awalhdouateden

Se mourant de cette urne éclose, oh ! pas vos mûrs
Soleils martiaux dont le sanctuaire se fane
Aux vénalités d'une mer, cure où la manne
Se confond, tétanisée des yeux de Jaipur !

Mais la terre altérée d'un feu sacrificiel,
D'un désir ardent et bleu sombre ailée au ciel,
Quand incube évaporée la pesanteur moite

D'un triangle abaissant sa pointe cénobite,
Mythologie à peine euphémisée qu'emboite
La gueule refermant ses pics de stalactite.

CCCXXIX.
Tartuffo

Les faux-dévots sont de ce temps mouvant les Christs
Vomissant les pavots de presses libertaires
Où se pressent des flots enflammés d'éphémères.
Liszt le Grand trop tôt fit d'affreux *ironists*

Des gardiens égarés de la Porte de Bronze.
Mais les dalles pavant de vastes sépultures
Sombrent battant les pas ténébreux de sculptures
Dont le regard s'oublie en une orgie absconse.

Les Révélations d'Awalhdouateden

CCCXXX.
S'il était

L'embrassant l'égaré sur un arbre monta.
De Circé le baiser boisé aux abois brûle
En ces bois ténébreux qu'encercle sa férule.
Au centre, de ses bois blancs s'épand l'autre aura
Cependant qu'à l'aurore, Hermès immaculé
Célèbre la Messe au cinabre de l'été.
Entre le double espace étoilé de la porte
Que tirant un cordon attire la voix morte,
S'ouvre au couple unifié en un être qui porte,
Parmi les splendeurs d'un dédale translucide,
De contraste pavée, la fenêtre du vide.
Et sur la patinoire où glisse malgré lui
L'abîme, le néant toujours se reconstruit.

CCCXXXI.
Invite

Eloquence où comme englobée, tendre caprice,
O célestes prémices aux précieux non-sens
Qui par élans se projette en le précipice,
Elle est toute délicieuse pour les cinq sens !
Complainte d'Arindal aux pensées entraînées
Malgré ses passions à la danse des fées,
Ce qui de ma Géhenne entretient la flamme :
Ton intelligence, ton esprit et ton âme.

CCCXXXII.
La Papesse d'Anastase

Angélique Eve aux rets d'un spectre fiancé,
Un figuier exotique auprès embaumé,
En un rais électrique agonise, anima
Sola prisonnière, une fille de cobra.
L'hybride explosant sa charge par un portique
Retient par la bride un attelage aquatique
Dont la sinusoïde ondule à fleur du large.
Au sommet d'un rocher Abraxas mire en marge,
Son mirage extatique encerclant cette nymphe
Semblant enlevée brûle aux reflets de sa lymphe
Translucide ainsi qu'une bulle où elle flotte
D'un regard de Werther suspendu à Charlotte.

CCCXXXIII.
Le Cordon de l'Amour

Qu'en faire ?

Mon sacrifice par toi,
Dit la réflexion du Roi,
Serait réciproquement
Une étoile au firmament ;
Des noirceurs précipitant ;
Le vieux démiurge se penche,
Baignant liée sa barbe blanche.

CCCXXXIV.
Merkaba

Tel au sommet de monts-joies figurant l'obstacle,
Excalibur scindant la pomme du savoir
Divise en quatre parts reflétées son pentacle.
Tridimensionné par ce double miroir
Du Verseau le recto répand son ère odieuse
Traversant divinisé la Porte, ô miracle !
Dans l'air éblouissant, de sa toile radieuse.

CCCXXXV.
Witchcraft

Simple aux éléments de la lune, Cerridwen,
Barbélô dont se meurt la seule autre pudeur,
A la sylve vierge expose son corps nu.
Dans la vision évaporée de quelque hymen
Contre nature, or qu'un dieu cornu prend peur,
Le chêne antédiluvien pousse un râle ému.

Les Révélations d'Awalhdouateden

Son pleur où sombre ainsi qu'une urne renversée
La mare aux moiteurs phosphorisées d'elfes rousses
Pâlit devant la majesté du mariage.
Et tandis que fuit l'abeille, Isis profanée,
D'un mirabilis luisant vermeil sur les mousses,
La fée couvre leur nuit d'un éternel ombrage.

Du soleil invaincu le Yin porte le Yang
Projeté comme un brasier de sa rancune.
Comblant de l'infini la nocturne lacune,
Pierre le Noir, sans os, se repait de son sang.
Et, manifestation du quartier manquant,
Son flambeau semble mirer les eaux en tremblant.

CCCXXXVI.
Encore lui

Synapse évaporant le venin de ces corps
Comme un parfum étoilé hantant son lys d'*aipse*,
De l'abîme évoqué se déploie la syllepse.
Que tel Tantale inspire, ô éternels remords !
Fleurie entre un pétale aux pensées épanouies
L'autel des nuits sans fin de ses vastes rebords
Plaint le valet riant étale ses agonies.

Les Révélations d'Awalhdouateden

CCCXXXVII.
Le Sentier du Grand Biquion

S'échauffant de bien loin, contemplation sublime !
Le connaissant ira, n'allant pas jusqu'au crime,
En un chemin paré de flammes éternelles,
Effleuré par les doigts d'aimables jouvencelles.
Et nous boirons aux quatre-vingt-dix-neuf auberges
Des vins frais et floraux tels des miels capiteux.
Lui, les sens comblés aux privilèges nombreux
Sous la massue prête à s'abattre en mille verges
Passera, contemplant des hauteurs d'une tour
Les siècles perdus de son perpétuel retour.

CCCXXXVIII.
Le Détourneur directif

De l'endurcissement la sagesse en déclin,
Attelage enduit d'argent, d'un portique écarte,
Etincelant et fier comme un cavalier parthe,
L'arc surplombant la guisse étoilée du matin.
Les Révélations d'Awalhdouateden

Surgie de l'Océan, déesse reptilienne,
La sirène attend ce vivant daguerréotype
Se mouvant mimétique où son reflet s'agrippe.
Mystique allégorie d'une rose ancienne !

Planétarium de Rhodes, un coffret de cèdre
Recèle le plan de ce palais tétraèdre.
Eckart, au coin du temple, observe ombre la scène

Où en vain tremblement le contemple une Cène
Dont l'embrasse en Marc la thaumaturge élégie
Que d'un Tau ressemblant marque la Loi brandie.

CCCXXXIX.
A Mésomédès de Crète

Vindicativement, déesse minoenne,
Astarté, tournoyante, brandit deux serpents,
Semblant une Némésis de Mésomédès.
De Don Juan pareille à la statue lesbienne
Remonte jusqu'à l'Ennéade de l'Hadès
Une Æneis antique aux sombres descendants
Que contemple en un trône, soupesant son sabre,
La vengeresse aux yeux d'azur et de cinabre.

Les Révélations d'Awalhdouateden

CCCXL.
Musique hurlante

La plume blessant le majeur de la main gauche
Pointe Saturne au scribe inattentif qui fauche
Une enclume au-dessous du poing impérial.
Dressé, cela tourne, à un rictus facial,
En un palais sang et noir où l'infirme danse
Divertissant le calomniateur qui balance
Comme un fou génial hochetant de la tête
Foraine dont se réjouit l'obscène fête.
On entend râlant un orgue de barbarie
Retentir dessus la blasphématoire orgie
D'un conservatoire agonisant d'infamie.

CCCXLI.
La bonne partie

D'abord souvent sombre un être contemplatif
En l'abhorration aveugle de Pistis
Par soif de sa situation initiale.
L'ange déchu plonge en l'illusion fatale
Y baignant or qu'il saigne, et tutoie tel un fils,
L'Idéal aux tréfonds de l'abîme abortif.

Les Révélations d'Awalhdouateden

Semblant Mélissa se tournant au pied d'un if,
Dont le bec butine en miroir d'Egypte un lys,
La Mère animale insinue sa noire toile.
D'un squelette renaissant déployant la moelle
Décompose le monde à l'angle d'un iris
La répercussion anglicisant de l'*if.*

Mal fait vibrer la corde insensible du pis
Le dieu-serpent de la discorde, hydre, plaintif.
Savamment circonspect au vu de cette étoile
Où, pudique, Isis se découvre de son voile,
Croquant sa pomme amère, un bouc méditatif
Ecoute son discours, tolérant par mépris.

CCCXLII.
Monas hieroglyphica

Poséidon de cobalt, au vert encuivré
D'une Vénus revenue d'un songe à Cythère
S'éprend du véhicule où l'airain de sa terre
Sous la lune d'argent clair s'était échoué.
Les Révélations d'Awalhdouateden

Le père des tempêtes, farouche, a mué
De sa fourche démêlant l'éclatant mystère
D'une éclipse où se dissimulait la nature,
Sur le violet posée d'une mer étrangère
Voilant un creuset d'une émeraude enchâssé
Des deux vierges ensemble embrassant Mercure.

CCCXLIII.
Une larme

D'un parfum fait de nacre dont le corps s'élève
Telle une tour d'ivoire aux forêts de bambous
Verts où de noires vapeurs musquées par leur sève
Brûlent en un fin réseau des encens hindous,

Vers les embruns perlants d'un temple frais et doux
L'orage embrasse un paysage de son rêve.
Lors d'un reflux porté d'un baume en reflet roux
Suggéré par sa fauve émanation sans trêve,

Les Révélations d'Awalhdouateden

Lentement il se noie parmi les fleurs de lin
De ses pleurs s'étouffant ainsi qu'en un coussin.
Eveillant, car son dictame est pire à ses maux,

Quelque instinct pyromane au cœur de son essence,
L'indistinct, dévoré par ses feux animaux
Extrait d'en soi la compréhension de l'absence.

CCCXLIV.
Homoncule

Cocotte au sifflement dont le hurlement traîne,
En la cuisine des Enfers, sire Diable
Ecumant de satisfaction se met à table,
Coction d'un coq caquetant à tête humaine !
Parmi de lourdes tentures rouges et noires,
Sur un damier de marbre aux pures diagonales,
La cour désespérée des pulsions bestiales
Se réjouit, vaste entrée de grandeurs et de gloires,
Par le soleil de ses verts fleurons dominée
Dessus la couronne de pampre auréolée.

CCCXLV.
Thylacine nycthéphage

Au coin de quelque Livre des Morts tibétain,
Ceux aux Longs Cheveux font des dagydes vodoues.
Des fils entrecroisés dessus les mares floues,
Machiavéliquement tel un vieux tour de main

Se forme en pelote une poupée asiatique
Dont sourient les ossements avec bonhommie.
La goule décalottée, hagarde à demie,
Silhouette d'un archal fantasmagorique,

Construit un rideau en noire cascade lisse
Dessous laquelle son regard effronté crisse
Comme un silencieux hurlement dans la nuit

D'une subtile et haineuse introspection.
Et tristesse au voile obscur d'insatisfaction,
Dilatée, sa pupille vengeresse luit.

CCCXLVI.
La Dame à la Fontaine

Sosie à peine spirituel de Fand par Clarke,
Tu m'as fait tel ce servant des forces malignes !
Où le sursis sous la voûte en abyme s'arque
D'un flegme fascinant aux méfiances insignes
Se posent doucement les délicates lignes
Comme le frôlement d'une caresse altière,
La paresse se dresse, orgueilleusement chère,
Fée des forêts de mauves sous sa traîne d'or,
Juchée entre ses deux colonnes de Portor.
Car c'est lorsque je vis rapprochées en un livre,
Filtrée de ce vitrail ainsi qu'un ectoplasme,
Avec d'un Owain le tout premier enthousiasme
Que Maître Lee effleura en son fantasme ivre,
La veuve à son côté par un chevalier noir
En la mort abandonnée dans son nonchaloir
Qu'enfin par sa grâce occulte je voulus vivre.

CCCXLVII.
Le Clin d'Œil de l'Antimoniale

Par les astres du Nord cheminant vers sa voix
En l'aigle Râ de Prométhée le corps cosmique
Reconnaît de l'Ichtus la mystérieuse croix.
Six à six, Seth gravit l'arbre séfirotique
Enroulé à son tour d'un escalier gothique.
Et s'hybridant, assis sur le trône infécond,
D'Isis l'unique enfant se souvient de l'éon
Etoilé d'un python en céleste matrice,
Où régnait des inspirations la génitrice.

CCCXLVIII.
Forêt de granite

Au bout d'un chemin découpé de myosotis,
Elle m'emmène par la main en féerie.
D'une orée sarcelle à la lisière endormie
Dans cette lueur bleutée de mirabilis,

Nos rêves blottis pénétrant ce temple au cil,
Retournent comme en épingles suivant le fil
Au centre sacro-saint d'un vivant labyrinthe
Où la guide à tâtons les sursauts de sa crainte.

Les Révélations d'Awalhdouateden

De l'énigme de Chartres s'est placée la pièce,
Mais se faisant entendre, la plaine mineure
Quand d'une fontaine entre en la brumeuse pièce
Dans laquelle toute émue élit sa demeure.

CCCXLIX.
Le Cercle d'or

Oghams d'Olwen transcrits en alphabet roman,
D'un ostrakon échangé s'ancre le menhir.
Œil perdu broyé en une main de Mimir,
Se mélange à ce martyr Jupiter levant.

CCCL.
Séduction pacifique

Surgie d'un siècle de sommeil germinatoire
Tel fleurissant d'un éclair soudain l'aloès,
Resplendit la fille en pleurs de la veuve noire.
Sous les pattes de serpent d'un cacatoès,
Elle étreint de sa douce toile enveloppante
Ces deux bras renversés comme une berne happante.
Et, représentation d'une extase mystique,
La manifestation se repait de panique
De cette divine enfant crue de Perséphone
Que de son regard perçant la ténèbre étonne.

CCCLI.
Avalon primitif

Dessus d'un pharaon la nef au nom secret,
L'esprit de Manéthon rêve, contemplatif,
Un continent de glace à l'hypnotique attrait,
Peuplé de griffons, où circule un rais furtif.

Les Révélations d'Awalhdouateden

Les reflets variant à travers les parois
Bleutées de cavernes en coulées de cristal
Semblent vivre soudain, et d'engorgements, froids
Vibrer comme d'un chant mystique et boréal.

Des papillons hybrides, scintillants, vont et viennent
Voletant sur ces flots d'arpèges visuels.
Cependant qu'elle émerge aux flambeaux qui s'éprennent
Aux limpides miroirs de leurs feux solennels,

Où plonge une mer vertigineuse, abyssales,
S'élèvent tel un glorieux joyau les salles
D'une Atlantide où verdoie la lueur éternelle
D'un calice en émeraude surnaturelle.

Les Révélations d'Awalhdouateden

CCCLII.
Le Cycle d'Hadès

L'étoile bleue de Rasalhague arde au levant
Estompant Ophiuchus, le porteur de vipère,
Sur son front scintillant qu'un tel saphir éclaire
De l'éclat nocturne de son soleil ardent
Comme un rhapsode à la cithare en synchronisme,
Quand sur terre s'abat le vent du Serpentaire.
La mystique harmonie d'un éclatant séisme
Se répercute à l'infini dedans le prisme
Des bras de l'éternité dont le lien s'étend.
Et ce souffle ainsi qu'un python ressuscitant
De l'autre renaît piétiné par Asclépius.
Son double au ciel se tord or qu'il le ramasse.
En dépit de l'union voilée par les us,
L'astre du jour le treize en Jupiter trépasse.

CCCLIII.

Dans la Pyramide

Acoustique anguleuse aux arcanes cachés
Reformulant par mille rouages, obscures
De personnages faux, symboliques structures,
Les figures parmi d'obliques sentiers,
Se décalque l'écho des mystères entiers.
L'œil à la serrure, allée mauresque accédant
Au temple effacé d'obélisques vers l'Orient
Contemple à travers l'interstice, unique mire,
Une géométrie d'agate et de porphyre !
La clef d'un cachot voulu par inconséquence,
Décrochée du bout d'une corde suspendue,
De l'aspirant à la curiosité est due
Pour qu'à sa place il entre aux formes du silence.
Cheminement initiatique où la raison
Qui ment s'égare inspirant sa résolution,
Guidé par les mains à plat d'étranges symboles,
Le chevalier franchit le miroir des idoles.
A celui qui ne croit pas, d'absolu sceptique,
Par un escalier laborieux et mystique
Dissimulé en trompe-l'œil énigmatique
S'entortillant à l'hypogée d'un sphinx cornique,
Tel d'un rêve d'enfant terrassé par sa loi,
L'unifie, révélant lui-même, l'autre en soi.

Les Révélations d'Awalhdouateden

CCCLIV.

A bout

D'une boucle étreignant son corps qui se rejoint
En un croisement embrasé aux feux de juin,
Quelque serpent celte circule au même point.
Interverti d'un sens fantasmagorisé,
L'Esprit se bouleverse animé d'un frisson
-Car son souffle court où il lui semble bon !-
Paradoxal, par amour de la vérité,
Bouc méditatif de pampres ébouriffé.
Troubadour, obliquons aux noirs d'un pas félin
S'il faut d'un sort fatal accédant au déclin,
Afin d'embrasser la plus grande séduction,
Renier le Malin en son éclosion.

CCCLV.

Le Sang des Pharaons

L'incarnation draconienne abâtardie,
Quetzalcóatl d'un char solaire sans secousses,
Comme un python divin de Mésopotamie,
Laisse flotter au passage ses barbes rousses.
Souterraine évolution née d'un haut caprice ;
Floraison capricornue de chair mammifère
Se mêlant à sa reptation solitaire ;
Gestation de l'ambigüité calculatrice
Epousant en l'humain la rage génitrice ;
Union occulte d'Apollon et Dionysos,
Où la passion déchaînée charme le Logos !
Le long des remparts de son palais d'Equateur,
Ondule en rampant de labyrinthes en salle,
Rapt oublié d'un Père mystificateur,
Semblant un Minotaure dolichocéphale,
Le globe ailé qui veille sur sa création.
D'un Nil où se dilue sa multiple illusion,
Confluent des forces, à l'Arcane étrangère,
Divinité de Sagesse et Vie, le Serpent
Se lie aux cornes, tel un caducée de Pan,
Englobant de sa fluidité le mystère.

CCCLVI.
Splendeur horrible

Dans des forêts d'eucalyptus d'ombre embaumées,
Le monde est un échiquier de bouches versées
Où s'affrontent en vain l'hydre hybride et le bouc.
Perçant d'un secret maléfique souquant sec,
Triomphe secouant sa barque un air de souk.
Abraxas aiguise à leurs crocs palmés son bec.
Faut-il donc que le type caprin faiblissant
Dans un élan d'amour étrangle le serpent ?
Sont deux corps de lombric par le Dragon piégés
Les sept esprits entre dix âmes partagées.
J'ai reconnu au fond de ton regard captif
La mélancolie plaintive de mes noirs jours.
Et serait-ce trop bête, abrégeons nos détours,
Si un reflet peut renverser le négatif.

CCCLVII.

Sans sens

Un servant bon à rien guide les pas biaisés
Du contemplateur des interstices cachés.
Doucement, il murmure un refrain métallique
Qu'à l'unisson du vide isole la panique,
Et lui montre là-bas des prodiges sans nom
Parmi lesquels tout l'univers en lui se fond.
Sens la tension de cet éphémère qui fauche,
Angle symétrique au lobe opposé d'un crâne
Où résonne en sa structure une sarbacane,
Suivre le sentier sans retour de la main gauche.

CCCLVIII.
Sérénade

A jamais cette étreinte aux limbes potentiels
Oubliée pour quelque interdit de circonstance !
Et pourtant des œillades perdues la constance,
A chaque instant du jour, sacrifices véniels,
Dans ces regards trompés, le souvenir brûlant
Comme la nostalgie, futur encor plus noir
Que de l'ardeur de ta prunelle le miroir !
Sous un soleil frivole tout fuit, nonchalant.
O subtils effleurements trop peu volontaires,
Dissipés par le vent ainsi qu'une poussière.

CCCLIX.

En un mirage lové, le python céleste
Par les larmes d'un soleil de plomb arrosé
Un ciel à l'apollonienne limpidité
Remire en rengorgeant sa cambrure de peste.
Et pris dans ce lasso, la vaticinatrice
Fascine d'un œil fin le rêveur enchaîné,
Tout à l'ivresse épris de sa sérénité !
Flou, ce double rais vert qui perce l'ombre lisse
Paraît d'un clair-obscur par son trouble inversé,
De loin en loin retournant un regard complice.

CCCLX.
L'Imitation du Démiurge

D'une nuit sacrée, fruit de l'hymen défendue
Où, fécondée par l'Autre, Eve en fleur s'est perdue,
Seth, le troisième fils, enfant de la sagesse,
De la décade divine enfin connaissant
L'essence, année sidérale d'antipapesse,
Traverse les cieux au quatorzième croissant.
Du rêve coupable où le serpent s'immisça,
C'est Lilith, la Lune Noire, que caressa
La seconde. Et lui qu'elle fertilisera.

Les Révélations d'Awalhdouateden

CCCLXI.
Bolwerk

Sur l'horizon, sombre le souterrain ciboire,
Lampe à huile romaine, en creuset transformé.
D'El Shaddaï, vibrant, le travail ondulatoire
Entouré de ses pas ; mort d'un démon gammé

Aux cinq jambes dévalant, petit ange à vif ;
Roue en Shiva danse avec les doigts emplumés,
Ecailles atrophiées d'un serpent primitif,
De l'humain futur aux axes neutralisés.

D'un rictus féroce émergeant, ô blondeur lisse !
La fée tels ses crocs acérés au cœur s'immisce
Qu'un rêveur abandonne longtemps à sa couche.

Et, fierté de l'usurpateur en son palais,
S'absorbant parmi ce regard aux noirceurs, louche
L'étoile unifiée de Buer mêlant ses laits.

CCCLXII.
L'Œil perdu

« Pendant neuf nuits au frêne secoué par le vent,
Et blessé par une lance en éclair souvent,
Je fus offert à Odin, moi-même à mon être !
Dans cet arbre que nul mortel ne peut connaître.
Et, jeté mon troisième-œil au puits de Mimir
Afin de mon savoir l'essence vous offrir ! »
Tel grondait la colère au-dessous la broussaille
De sa barbe en feu le Barde de la Bataille
Plein de rage éloquant la sinistre défaite.
Sur un plateau perché de pics rocheux au faîte,
Derrière une chute écoulée en fine lame,
Il se construit et songe ainsi qu'un hologramme.
Evoquant la danse endiablée d'un Faunus jaune,
Eléphant rongeur, de Ganesh la riche faune
Insuffle encor des profondeurs à Béhémoth
Tel en un trottinement le geste de Thot.
Et comme un bonze d'or au fond d'une caverne
De sa herse qui dort se referme la berne.

Les Révélations d'Awalhdouateden

CCCLXIII.

Le Menteur

En une maison mère où l'on boit du formol
A la place, sur ces bancs, du divin vitriol,
Je séjourne incompris dans un rictus de glace
Et contemple souriant l'extinction de ma race.
Avais-je une mission, quelque place entendue
Dessus de l'échiquier la trop vaste étendue ?

CCCLXIV.

La Voie intérieure

Phare de vif-argent reflétant le regard,
La tour mirée comme un pentagramme en retard
Se dresse entre ailleurs et quelque-part flottant.
Les croisés y virent un îlot tournoyant.
C'est un château-fort clos, un glorieux palais
Dans lequel le pas hasardeux n'entra jamais.
Tel d'un ouroboros en caducée le germe,
De cette Douat dont les damiers s'inclinent
Les Sept Portes d'or sont cinq où leurs cours confinent
Et d'escaliers la spire en boucle se referme.

Les Révélations d'Awalhdouateden

CCCLXV.

Et le rythme des Sphères,
Horloge astronomique,
Dans l'espace infini
S'entrechoque. Ephémères,
De l'éther mimétique,
Battement assourdi,

Les pendules girant
Que sa friction embrase
De leur fréquence extrême,
Tel un frisson du vent
Teintent, variant l'extase
Qui module d'un thème

Vieux comme l'Univers
La symphonie. Explose
Alors, air formidable,
Au néant des hivers
Décomposant l'hypnose,
De l'espace insondable

Les Révélations d'Awalhdouateden

L'harmonie colorée
Des formes qui, chacune,
Condensent l'origine
Tant démultipliée
De son essence en une
Etincèle divine.

Sommaire

Les Révélations d'Awalhdouateden

Les Révélations d'Awalhdouateden

Les Révélations d'Awalhdouateden

Dessin de couverture pour les Révélations d'Awalhdouateden,
Sabrina Koenig

Les Révélations d'Awalhdouateden

Edition : BoD - Books on Demand
12/14 rond-point des Champs Elysées, 75008 Paris
Imprimé par Books on Demand GmbH, Norderstedt, Allemagne
ISBN : 9782322018956
Dépôt légal : Juillet 2015

Les Révélations d'Awalhdouateden